*Ruediger Schache · Klingt logisch! Mach ich aber nicht!*

# Klingt logisch! MACH ICH ABER NICHT!

## So holen Sie sich Ihr Leben zurück!

RUEDIGER SCHACHE

nymphenburger

Umschlaggestaltung nach einer Idee von R. Schache
Satz: VerlagsService Dietmar Schmitz GmbH, Heimstetten
Druck und Binden: CPI books GmbH, Leck
Printed in Germany
ISBN 978-3-485-02950-6

www. nymphenburger-verlag.de

# *Inhalt*

# Vorwort

## Großes Logik-Kino in Ihrer Umgebung?

Ehe wir loslegen ein kurzer Umwelt-Scan: Kennen Sie zufällig jemanden, der einfach nicht damit aufhört, eine wirklich schlechte Sache zu machen, obwohl Sie mit ihm schon x-mal von allen Seiten durchleuchtet haben, was da abläuft und dass es ihm nur Ärger bringt?
Oder haben Sie schon mal erlebt, dass jemand sein Verhalten erkennt, versteht und bereut, Ihnen dann ein wirklich ernst gemeintes Versprechen gibt und es schon nächste Woche wieder bricht?
Vielleicht kommt Ihnen auch spontan ein Mensch in den Sinn, der Ihnen ständig seine Weltsicht aufdrücken will, obwohl sie so einseitig und stur ist, dass sich alle in der Umgebung beherrschen müssen, ihm nicht eine zu klatschen, damit er endlich aufwacht?
Oder kennen Sie jemanden, der ständig seinen Partner runtermacht und dennoch behauptet, da sei ganz viel Liebe?
Eventuell haben Sie auch schon jemanden erlebt, der wissentlich eine Familie gründet, obwohl er in Wahrheit immer frei sein wollte und auch die Wahl hätte, es anders zu machen.
Falls Sie so jemanden kennen, sind Sie in guter Gesellschaft. Denn jeder von uns kennt so jemanden, und manchmal sind wir sogar selbst diese Person.

Aber niemand macht etwas ohne Grund, und hinter jeder scheinbaren Unsinnigkeit verbirgt sich eine deutliche Logik mit klaren Zielen. Nur kostet uns diese seltsame Logik oft viel Kraft, Nerven, Zeit, Geld und vor allem auch Glück. Finden wir also heraus, wie das Ganze funktioniert, und holen uns die Kontrolle über diese wichtigen Bereiche unseres Lebens zurück.

# *Klingt logisch. Aber warum?*

Als der gute alte Aristoteles im Jahr 350 v. Chr. im sonnigen Griechenland die »Kunst des Denkens« erfand, leitete er eine Revolution ein, die bis heute den Ablauf unserer Welt bestimmt. Ohne diese Revolution gäbe es keinen Mars-Rover, der uns fantastische Bilder über ferne Welten liefert, es gäbe vermutlich keine Demokratie und auch keine Handys und Computer. Über unser Universum wüssten wir ohne diese Revolution kaum mehr, als ein Fünfjähriger beobachten kann. Und vielleicht hätten wir uns tatsächlich schon selbst ausgerottet, wenn in unseren Köpfen nicht die durch Aristoteles eingeleitete Revolution wirken würde: *Wenn ich dies jetzt mache, wird zwangsläufig jenes herauskommen.*

Erst die altgriechisch »Logiké téchnē« genannte »Kunst des vernünftigen Denkens und Schlussfolgerns« – abgekurzt »Logik« – versetzt uns in die Lage, Fakten und ihre Folgen mittels Gedanken so aufeinander aufzubauen, dass wir im Kopf ganze Universen erschaffen können. Diese Konstruktionen können wir anschließend in aller Ruhe untersuchen und dann entweder in den Müll kicken oder per Experiment beweisen.

Für unser persönliches Alltagsleben liegt der Gewinn von Aristoteles' Entdeckung stark vereinfacht in dem Motto: *Erst nachdenken, dann Zusammenhänge erkennen, dann entscheiden und erst dann handeln.* Wenn wir erst darüber nachdenken, was wir wirklich wollen, und uns dann überlegen, ob uns eine Handlung dem Ziel auch wirklich näher bringt, werden wir weniger »falsche« Entscheidungen treffen. Das ergibt weniger unglückselige Handlungen und am Ende ein glücklicheres Leben. Klingt eigentlich ganz einfach. Ist es auch, wenn wir ein paar Störenfriede beseitigen.

## Die Logik-Zerknaller in unserem Leben

Unser gutes und logisches Denken befindet sich immer im Visier einiger kleiner Scharfschützen, die nichts lieber tun, als eine Idee, einen guten Vorsatz oder ein konkretes Handeln bei der nächsten Gelegenheit zu zerballern. Manche treiben sich irgendwo da draußen herum, andere sitzen in uns selbst.

Denn in demselben Kopf und Körper, in dem gute Gedanken und Vorsätze wohnen, leben zum Beispiel auch Gefühle, Triebe und Emotionen. Sie alle wollen leben, sich ausbreiten, um Vorrechte kämpfen und manchmal vollkommen unsachliche Dinge tun, selbst dann, wenn es uns oder anderen am Ende Schaden zufügt. So schön unsere »menschliche Vielfalt« ist, so lästig kann diese auch manchmal sein.

Gute-Entscheidungen-Zerballerer haben in unserem privaten Leben meistens mehr Spielfläche als im beruflichen Umfeld. Privat lassen wir los, beruflich reißen wir uns zusammen. Darum können wir beruflich richtig brillant sein und gleichzeitig in unserer Familie rettungslosen Mist bauen.

Doch alles im Universum folgt einer Logik, auch der Mist. Wir müssen nur herausbekommen, wie das genau funktioniert, und es dann verändern.

## Mein Leben zurückholen?

Es gibt Umstände, die Ihnen buchstäblich Ihre Lebenskraft und Lebenszeit wegfressen. Tag um Tag, Monat um Monat verlieren Sie an einer Sache, einem Zustand, einer Idee oder einem Menschen Teile von Ihrem Leben. Manches davon lässt sich vielleicht nicht vermeiden oder umkehren. An anderen Stellen hingegen könnten Sie sich definitiv etwas zurückholen, haben es aber bislang noch so stehen lassen. Und wieder andere Lebenskraftfresser sind Ihnen noch gar nicht so recht bewusst. Doch das alles können Sie ganz leicht ändern. Ab jetzt holen Sie sich zurück, was Ihnen gehört.

## Warum tun Menschen völlig absurde Dinge?

Leila, eine junge intelligente Schweizerin im besten Alter, mit einem sicheren Beruf und finanziell unabhängig, trifft sich eines Nachmittags mit ihrer Freundin.

»Ich kann meinen Partner nicht mehr ertragen«, sagt sie. »Er ist überheblich, ignorant und dominiert mich. Am Anfang war er mal ganz nett, aber heute finde ich ihn einfach nicht mehr attraktiv, nicht männlich und auch nicht besonders schlau. Es schüttelt mich schon bei dem Gedanken, neben ihm im Bett zu liegen. Ich will keinen Tag länger mit ihm leben, das weiß ich wirklich sicher.«

Ihre Freundin macht, was gute Freundinnen machen. Sie stimmt ihr zu und ermutigt sie. So gerüstet geht Leila nach Hause und packt in Windeseile ihre wichtigsten Sachen in zwei Koffer. Es ist keine Kurzschlusshandlung, sie hatte das schon lange immer wieder vor, und nun ist die Zeit wirklich gekommen. Noch während sie packt, kommt ihr

Partner nach Hause. Leila versteckt die Koffer schnell unterm Bett und startet eine Diskussion über die Beziehung. Wieder einmal. Am Ende der Diskussion landen beide im Bett. Wieder einmal. Sie verschiebt ihren Plan mit dem Verlassen auf später, aber es gibt kein Später, denn kurz darauf stellt sie fest, dass sie schwanger ist. Von dem Mann, den sie verlassen wollte, weil schon der Gedanke, neben ihm im Bett zu liegen, sie schaudern lässt.
Also beschließt sie, das Kind zu behalten und mal zu sehen, wie es weitergeht. Zwei Jahre später ist sie mit dem zweiten Kind schwanger. Noch immer ekelt sie sich vor ihrem Partner, lässt sich dominieren und sich Vorschriften machen, etwa beim Geldausgeben für Dinge, die ihr etwas bedeuten und die er unterbinden will. Bald darauf reden sie über ein mögliches drittes Kind und ein Haus, das sie gemeinsam kaufen könnten.

Wenn man die Geschichte von Leila in dieser Kürze liest, klingt sie so seltsam und unverständlich, dass eigentlich nur eine Frage im Raum hängt: Warum in aller Welt macht jemand so etwas? Ohne jede Not? Entgegen aller Logik, entgegen jeder Erkenntnis und komplett entgegen dem eigenen Weg zu einem guten, glücklichen Leben?
Sie könnten nun sagen: *Na ja, weil die Dummen eben nie aussterben.* Aber viele Menschen, die so handeln, sind nicht dumm. Manche sind sogar sehr intelligent und tun dennoch sehenden Auges unglückselige Dinge. Und das nicht mal aus dem Affekt heraus, sondern mit Vorbereitung und mit wirklich ausreichend Zeit, um darüber nachzudenken. Und wenn sie diese Dinge getan haben, fahren sie sogar noch damit fort und wiederholen denselben Fehler zweimal, dreimal oder häufiger.

Warum?
Wann soll man *Mach ich!* und wann *Mach ich nicht!* sagen? Wann ist es richtig, einem Impuls oder einer Idee zu folgen, einen Gedanken oder Plan logisch durchzuziehen? Und wann ist es richtig, es lieber bleiben zu lassen? Und warum fällt uns manche Entscheidung derart schwer, dass unsere Unentschlossenheit lange Zeit den betreffenden Bereich unseres Lebens regelrecht lahmlegt?
*Wo nimmt uns etwas Teile von unserem Leben weg?* Und wie holen wir uns diese Teile zurück? Das ist eine der Fragen, auf die wir zusammen Antworten finden werden.

# Holen Sie sich Ihre guten Gedanken zurück

*Gute Gedanken zurückholen? Ja, das wäre schön, aber ich befürchte, das Leben hat da schon ein wenig Schaden angerichtet. Wenn Sie erlebt hätten, was ich erlebt habe … Da kann man ein Buch drüber schreiben. Ich glaube nicht, dass man so einfach wieder vertrauen und lieben und die sonnige Seite sehen kann, wenn man manche Menschen und das Schicksal näher kennengelernt hat.*

Ja, das ist verständlich, aber schreiben Sie bloß nicht das berühmte »Buch drüber«. Denn danach wird nichts besser, was wahrscheinlich der Grund dafür ist, warum Sie es noch nicht getan haben.
Niemand will wirklich gerne lesen oder hören, was Sie Schlechtes erlebt haben, weil wir alle selbst genügend Säcke voll davon im Keller stehen haben. Wir wollen wissen, wie wir das Schlechte loswerden. Also erzählen Sie uns Ihre Geschichte, wie Sie es losgeworden sind. Wie haben Sie es geschafft, ein gutes Leben in einer Welt hinzubekommen, die es liebt, Knüppel zwischen die Beine von Optimisten zu werfen? Falls es noch nicht so weit ist, beginnen Sie jetzt mit dieser Geschichte. Erschaffen Sie die Geschichte, wie Sie sich Ihr gutes Leben zurückgeholt haben und wie Sie es für immer bei sich behalten.
Weil alle Geschichten immer mit Gedanken anfangen und Gedanken auch immer irgendwie mit allem verknüpft sind,

was wir erleben, können wir Ihre Geschichte sehr gut mit Ihren Gedanken beginnen.

## Gehirnautobahnen und wie Sie sich gute Gedanken zurückholen

Der amerikanische Professor Dr. Eric Kandel ist ein betagter Mann österreichischer Herkunft, den seine Freunde als geselligen Menschen mit ausgeprägtem Sinn für Humor bezeichnen. Wenn irgendwo im Raum jemand lacht, ist er ganz sicher mit dabei. Privat sammelt Dr. Kandel expressionistische Gemälde, und als Folge dieser lebenslangen Leidenschaft sieht sein privates Haus inzwischen wie eine persönliche Kunstgalerie aus.
Trotz seines hohen Alters ist Dr. Kandel noch immer einer der bedeutendsten Gehirnforscher unserer Zeit. Im Jahr 2000 erhielt er mit 70 Jahren für eine bahnbrechende Entdeckung den Medizin-Nobelpreis. Kandel wies im Lauf seines Lebenswerks unter anderem nach, wie in unserem Gehirn ein Gedanke entsteht, woraus er sich ganz genau zusammensetzt und was ihn am Leben erhält oder verblassen lässt.
Wenn Sie in diesem Moment einen neuen Gedanken denken, verbinden sich in Ihrem Gehirn Synapsen miteinander. Das Ende einer Nervenbahn dockt wie mit einem Magnetverschluss an ein anderes an und dieses an ein weiteres und so fort. Das fertige Nervennetz sieht am Ende aus wie eine kleine 3-D-Landkarte mit Autobahnen, Landstraßen und Nebenstraßen. Die Lage dieses Gebildes wird ebenfalls abgespeichert. Sobald Sie den Gedanken brauchen, steuert ein Teil Ihres Gehirns das Gebilde an, schickt einen Stromimpuls hindurch – und voilà: Sie haben Ihr

Bild, Ihre Erinnerung, Ihre Meinung oder Ihr Wissen vor Ihrem inneren Auge. Letztlich rufen Sie einen Gedanken also ganz ähnlich ab wie die Daten von einer bestimmten Stelle auf einer herkömmlichen Computerfestplatte.
Doch wie wir alle wissen, sind Gedanken, Erinnerungen, Ansichten, Wünsche, Befürchtungen oder Meinungen nicht in Stein gemeißelt, sondern eine ziemlich variable Angelegenheit. Manche werden im Lauf der Zeit immer stärker – oder immer schlimmer. Andere Gedanken, Erinnerungen oder Ideen werden – leider oder Gott sei Dank – immer schwächer.

### Oft denken = stärker glauben

Dr. Kandels Untersuchungen wiesen nach, dass die Nervenverbindungen zu einem Gedanken immer stärker und stabiler werden, je öfter wir den Gedanken denken. Gleichzeitig werden Gedanken, die wir weniger oft denken, immer schwächer, bis sie schließlich verschwinden. Am schnellsten verlieren sich alte Gedanken, wenn sie mit einer gegenteiligen Information überschrieben werden. Für unseren Alltag stecken in diesen Forschungsergebnissen zwei wichtige Gesetzmäßigkeiten.

- **Ein starkes gutes Erlebnis** oder viele einzelne gute Gedanken in Wiederholung können schlechte Erfahrungen und Gefühle löschen. Das ist sehr gut! Wenn wir also Menschen und Situationen immer wieder die Chance geben, uns etwas Gutes zu zeigen, wird unser eigenes Gedankenleben heil und glücklich werden.
- **Ein starkes schlechtes Erlebnis** oder eine häufig erinnerte Angst kann umgekehrt unsere eigentlich positiven Sichtweisen überschreiben, bis von dem Guten in unserem Kopf fast nichts mehr übrig ist. Je mehr wir über das

Schlechte nachdenken, umso dicker werden die Nervenstraßen dazu.

Entscheidend für unsere Weltsicht und Gefühlslage ist also nicht, was wir im Moment oder gestern oder morgen *vernünftigerweise denken*. Entscheidend ist das, was uns einfach nicht loslässt, sodass wir es andauernd denken *müssen*. Einfach nur, weil wir es sehr oft denken, gewinnt es letztlich Einfluss über unser Leben.

**Folgende Erlebnisse manipulieren zum Beispiel Ihre guten Gedanken:**

- Wenn Sie sich ständiges Gemecker oder Gejammer anhören müssen: Das brennt sich in Ihren Kopf ein, ob Sie wollen oder nicht. Je häufiger, desto stärker.
- Wenn Sie von jemand anderem ständig hören, was wohl gut und richtig für Sie wäre.
- Wenn Sie bei jedem guten Gedanken Gegenargumenten ausgesetzt sind: So kann Ihr guter Gedanke nie eine starke Autobahn bilden.
- Wenn Sie eine schlechte Erfahrung hatten und von diesem Moment an ständig darüber nachdenken: Das verstärkt die Wirkung der schlechten Erfahrung deutlich und tötet buchstäblich die bisherigen guten Erfahrungen in Ihrem Gehirn ab.
- Wenn Sie immer nach Fehlern oder Unvollkommenheiten suchen: »Halbleer« ist tatsächlich eine Sichtweise, die sich selbst erfüllt, je länger man sie denkt.
- Auch wenn jemand mit seinen Sprüchen in Ihr Gehirn eindringen will, brennen sich diese regelrecht ein: Oft sind diese Sprüche simpel und gefühlsgeladen, das merken Sie sich leicht und denken es dann oft. Aber deshalb ist es noch lange nicht wahr oder gut.

☞ ☞ ☞

*Sie können denken, was Sie wollen. Das ist Ihr freier Wille.*
*Was Sie oft denken, wird stärker werden.*
*Das ist Biochemie.*
*Treffen Sie bewusste Entscheidungen.*
*Ganz besonders darüber, was Sie ab sofort aufhören zu denken.*

☞ ☞ ☞

## Immer schön verzichten? Klang logisch – war es aber nicht

Verlassen wir die Königliche Akademie in Schweden mit ihrem Medizin-Nobelpreis des Jahres 2000 und begeben uns von dort aus 2528 Jahre zurück an das Ufer des Neranjara-Flusses in Nordindien. Im Schatten einer Pappelfeige sitzt ein 35-jähriger Mann, so ausgehungert, dass man mit etwas Druck des Zeigefingers auf den Bauch seine Wirbelsäule ertasten könnte. Seit er vor sieben Jahren einen Palast mit Eltern, Frau und Kind samt seines Adelstitels hinter sich gelassen hat, versucht er als wandernder Asket in der Meditation herauszufinden, wie er seine rastlosen, ständig fragenden und an jeder Antwort zweifelnden Gedanken loswerden kann. Auf seiner verzweifelten Suche ist er in seinen Auffassungen inzwischen so radikal geworden, dass ihn vor Kurzem auch seine fünf letzten Freunde und Mitpilger im Zwist verließen. Seit 49 Tagen sitzt er nun allein unter diesem Baum und unternimmt einen weiteren von ungezählten Anläufen. Doch dieser Tag ist anders. Er wird die Belohnung für sein langes Darben sein.

Der Mann mit dem Namen Siddharta Gautama stirbt. Jeder Gedanke, den er bislang gedacht hat, jede Überzeugung, der er gefolgt ist, jede Erklärung, die er gehört hat, und jede Sichtweise, die er versucht hat zu verstehen, zerreißen gleichzeitig – wie tausend morsche Leinensegel in einer Sturmbö. In dem Zustand des gleichzeitigen völligen Zerreißens aller Gedanken kann ein Mensch nicht weiter existieren. Was das Gehirn nicht überlebt, überlebt auch der Körper nicht. Genau dieser Zustand wäre das so lang ersehnte, lohnende Ende einer entbehrungsreichen Reise gewesen, die den Verzicht auf alles und jedes über alle natürlichen Grenzen hinaus getrieben hatte.

Doch Siddhartas malträtierter Körper bleibt wie durch ein Wunder am Leben. Als das Bewusstsein in ihn zurückkehrt und Siddharta die Augen öffnet, erblickt er den Fluss Neranjara nicht mehr als Fragender, sondern als Wissender. Buddha, »der Erwachte«, ist geboren.

Nun, da alle Antworten in vollkommener Klarheit in ihm sind, er jeden Winkel des menschlichen Geistes und alles darüber hinaus erlebt und verstanden hat, erinnert er sich an seine verlorenen Gefährten. Er sucht und entdeckt sie in einem nahe gelegenen Park. »Ich habe es gefunden, ich weiß jetzt alles«, sagt er. Und: »Es ist alles ganz anders, als wir dachten.« Einen Moment begegnen die fünf dem Abtrünnigen misstrauisch und ablehnend. Doch als sie in seine Augen sehen, erkennen sie, dass er die Wahrheit spricht. Sie hören seine erste Rede und werden seine ersten Schüler.

Es geht, so berichtet ihnen Buddha, nicht um die Entbehrung. Es geht darum, die richtigen Dinge auf die richtige Weise zu machen und die Kraft des eigenen Geistes zu erkennen und nutzen zu lernen. Für die nächsten 45 Jahre geben er und seine Schüler das Wissen für ein gutes und von Leiden befreites Leben in ganz Indien weiter. Dieses Wissen wächst und verbreitet sich über alle Zeiten und Grenzen hinaus. Aus Dankbarkeit gegenüber Siddharta dafür, dass er es freiwillig auf sich genommen hat, in seinen Körper zurückzukehren, feiert man in Asien noch heute das »Lichterfest«.

### Was uns das heute nützt, wenn wir unser Leben und Glück selbst bestimmen möchten

Eine von Buddhas großen Erkenntnissen lautet: »Du selbst bist es, der diese Welt erschafft. Mit deinen Gedanken. Jeden Tag.«

Könnten wir von einem Punkt hinter unserem Kopf durch unser Gehirn hindurch in die Welt blicken, würden wir erkennen, dass die Welt durch den Verstand hindurch betrachtet ganz anders aussieht, als wenn wir sie direkt betrachten. Sie wird erheblich verfremdet. Unsere Gedanken wirken wie ein Filter und gleichzeitig wie ein Illusionstheater. Als Filter werfen sie erwiesenermaßen über 99 Prozent aller vorhandenen Informationen in den Müll. Das überlebende Prozent wird mittels Erinnerungen, Erfahrungen, Befürchtungen, Wünschen und Fantasie zu unserem »Weltbild« aufgeblasen. Lebte Buddha heute als Wahrnehmungspsychologe, würde er seine Erkenntnis von damals wahrscheinlich präziser ausdrücken: »Du selbst bist es, der deine innere Welt zu 99 Prozent erschafft. Mit deinen Synapsen. In jeder Zehntelsekunde.«

Gut, und was machen wir jetzt mit diesem Wissen? Erschaffen natürlich, anders geht es ja nicht, das tun wir ja bislang ohnehin schon. Nur können wir eben *absichtlich* erschaffen, oder wir können alles einfach laufen lassen und uns

am Ende so heftig wundern, dass wir »ein Buch drüber schreiben« möchten, was uns so widerfahren ist.
Absichtlich zu erschaffen, wo immer es möglich ist, wäre ein guter Weg, wie Sie am Ende im Rückblick zu einem wirklich schönen Buch über Ihr Leben kommen.

## Angenommen Ihre Gedanken erschaffen wirklich Ihre Welt – wie machen die das genau?

Wenn Sie mit Gedankenkräften arbeiten möchten, um etwas zu erreichen, loszuwerden, zu verbessern oder einfach zu verändern, dann brauchen Sie einen grundlegenden Werkzeugkasten an Wissen darüber, was bestimmte Gedanken in Ihrem Kopf entstehen lässt und was diese dann anstellen. Dafür brauchen Sie keine Psychologie, sondern nur eine gute Beobachtungsgabe, gesunden Menschenverstand und einen kleinen Forscher in sich.
Haben Sie das? Prima, dann los!
Machen wir gleich mal etwas Praktisches.

### So holen Sie sich Ihre guten Gedanken zurück

Gute Gedanken zurückzuholen, bedeutet: schlechte raus und gute rein. Also beginnen wir genau damit. Suchen Sie sich einfach aus den folgenden beiden Ideensammlungen einen schlechten Gedanken zum Rauswerfen und einen guten Gedanken zum Reinholen aus. Eine Idee aus jeder Sammlung genügt schon, wenn es mehr sind, ist das auch prima. Sie können die einzelnen Punkte auch nur ankreuzen, dann müssen Sie nichts schreiben und vergessen trotzdem nicht mehr, was Sie verändern möchten. Sie wissen schon, die Synapsen reißen ja gerne wieder, wenn man etwas nur einmal denkt …

## So verhindern Sie die Wirkung schlechter Gedanken

- Halten Sie von Menschen deutlichen Abstand, die schlecht reden oder denken. Denn Sie können nicht vermeiden, dass Ihr Gehirn das alles abspeichert, es sei denn, Sie hören es erst gar nicht.
  *Von ______________________ halte ich künftig Abstand. Der kriegt meinen Kopf nicht mehr.*

- Geben Sie bei bestimmten Ereignissen und Themen immer wieder den Sokrates: Kann schon sein, aber »Ich weiß, dass ich nichts weiß«. So knüpft Ihr Gehirn gar nicht erst negative Synapsenketten, die Sie später nicht mehr loswerden.
  *Bei ______________________ (Name) steige ich künftig nicht mehr ein, wenn er/sie wieder mal was meint.*

- Nehmen Sie bestimmte Ereignisse ganz bewusst »aus der Wertung«. Es war ein Kapitel Ihres Lebens, aus dem Sie etwas lernen können, geht aber nicht in die Wertung über die Welt oder über Sie selbst ein.

  ______________________________________________

  ______________________________________________

  *hab ich erlebt. Ist aber egal.*

- Wenn jemand ständig negative Dinge wiederholt und Sie gerade keinen Abstand nehmen können, geben Sie Ihrem Verstand eine Lösung an die Hand. Zum Beispiel: »Diese Gedanken sind leider gerade krank.« Wenn Sie die negativen Gedanken als krank einstufen, übernimmt Ihr Unterbewusstsein sie nicht so leicht, und sie hinterlassen weniger Spuren in Ihrem Kopf.

*Folgende Gedanken gehören leider ins Krankenhaus:*

________________________________________

________________________________________

- Unterbrechen Sie Negativschwätzer und Dummredner, sobald sich das Gesagte beginnt, in Ihr Gehirn einzubrennen. Das ist Ihr gutes Recht auf Selbstschutz. Die meisten von denen sind das gewöhnt und nehmen es nicht lange krumm.
  *Zum Beispiel der hier:* ____________________ *(Name)*

- Üben Sie sich bei negativen Nachrichten oder Meinungen im Unerheblichkeits-Staunen: »Was es alles gibt, das mit mir nichts zu tun hat.« »Unerheblich« ist ein sehr guter Gedankenstempel. So wird keine neue Meinungs-Autobahn angelegt.
  *Erstaunlich und auch nervig, aber unerheblich für mich:*

  ________________________________________

  ________________________________________

## So verstärken Sie die Wirkung guter Gedanken

- Erinnern Sie sich, wie positiv Sie vor einer negativen Erfahrung über eine Sache gedacht haben. Denken Sie diese Gedanken im Wortlaut immer wieder.
  *Früher habe ich das immer so gesehen:*

  ________________________________________

  ________________________________________

  *Und das war gut!*

- Überlegen Sie bei allem scheinbar Schlechten, was die gute Seite daran ist. So legen Sie parallel zur negativen

Erfahrung ein gutes Gedankennetz an, das Sie später wieder abrufen können.

*Das Gute an der Sache ist:*

---

---

- Erinnern Sie sich daran, dass Sie sich die Welt so machen können, wie sie Ihnen gefällt, und nicht so machen müssen, wie es jemand sagt. Weil Menschen immer nur Meinungen äußern und keine absoluten Wahrheiten, können Sie das auch tun.

*Ich mach mir meine Weltsicht so:*

---

---

- Suchen Sie Menschen, die so ticken wie Sie. In Vereinen, Verbänden, Gruppen oder eben einfach als Freunde. Besonders aber als Lebenspartner.

*Solche Menschen hab ich hier:*

---

---

- Die kostenlosen Nachrichtenmedien strotzen geradezu vor negativen Gedanken, weil es deren Aufgabe ist, auf Missstände hinzuweisen, und ein Skandal mehr Zugriffe bekommt als eine Lösung. Schützen Sie Ihr Gehirn, indem Sie auch »gute« Medien wie Zeitschriften lesen. Die kosten manchmal zwar etwas, aber das ist es für Ihre Gedanken und für Ihr eigenes Wohl wert.

*Mach ich doch, ich lese gerne:*

---

---

- Sagen Sie sich und anderen: »Ich habe das Recht, die Dinge so zu sehen, wie ich es will, und ich sehe sie in gutem Licht.«
  *Und dem hier sag ich das besonders:*

  ___

  ___

- Erinnern Sie sich, dass sich fast alle Menschen eigentlich nur Mühe geben, ihr Leben als Mensch irgendwie hinzubekommen. Suchen Sie danach, wo jemand diese Aufgabe gut macht, und erkennen Sie das an, statt Kritik zu üben. Kritisieren ist einfach, jeder kann das, weil wir alle ständig Fehler machen. Aber Gutes zu suchen, ist eine echte Aufgabe, die zugleich Ihre eigenen guten Gedanken verstärkt.
  *Sowieso! Ich lobe immer wieder*

  ___

  ___

☞☞☞

*»Was ich einmal beschlossen habe,*
*setze ich auch um.*
*Darum beschließe ich die Dinge immer so,*
*dass ich sie auch schaffen kann.«*

☞☞☞

## CHECKLISTE

### *Gute Gedanken zurückholen*

- Ich habe den grundlegenden Beschluss gefasst, an jeder Situation immer auch das Gute zu finden.
- Ich habe das schlechte Gewissen zum Thema »Fehler« abgelegt, weil es in Wahrheit einfach nur Versuche zum Besserwerden sind.
- Ich hole mir Glücksgefühle, aber ich entscheide selbst darüber, wie ich das mache.
- Meine Gedanken über mich selbst sind unabhängig vom Lob oder Tadel anderer.

# ☞ Die acht Naturgesetze unseres Gehirns und wie wir uns die Kontrolle zurückholen

## ☞ Warum denkt unser Gehirn oft, was es will, und nicht, was wir wollen?

Danke, Herr Dr. Kandel, das Prinzip von den stärker werdenden Gedankenautobahnen haben wir verstanden. Formulieren wir es mal populär, so wie unser Kopf oft auch denkt: Wenn wir so blöd sind und dumme oder schlechte Dinge oft denken, werden wir bald viele dumme oder schlechte Dinge stabil im Kopf haben, die uns dann das Leben schwer machen. Denken wir hingegen häufig schlaue und gute Dinge, werden wir – danke, Herr Gautama Buddha – uns selbst eine Welt erschaffen, die gut für uns ist.

Die Frage lautet nun: Warum können wir das nicht einfach wählen? Einfach grundsätzlich entscheiden: *Ab jetzt denke ich nur noch gescheite, sinnvolle und gute Dinge. Weil es mir völlig klar ist, dass ich nur so eine gute Weltsicht haben werde und damit in jedem Bereich ein gutes Leben erlebe.*

Die Antwort lautet: Wir können ja frei wählen, aber in manchen Regionen unseres Gehirns sitzen einfach noch wirklich fette 3-D-Landkarten mit supermagnetischen Synapsen, die jedes Mal, wenn ein Stromimpuls durch sie hindurchrauscht, eine miese Sichtweise mit miesen Gefühlsfolgen produzieren.

Auch wenn wir diese echt lästigen Gedankennetze noch so sehr loswerden wollen, kommen wir an manche von ihnen allein durch Erkenntnis und Nachdenken einfach nicht heran.
Gut, wenn das nicht reicht, packen wir es eben anders an. Wir holen uns das Wissen darüber, was einen unguten Gedanken, ein unerfreuliches Selbstbild oder ein pessimistisches Weltbild ständig am Leben erhält, obwohl wir am liebsten verbieten würden, dass dieses Zeug mit seiner schlechten Sichtweise in uns weiterlebt.

### ☞ Ein wilder Haufen Gedanken möchte bitte im Kinderparadies abgeholt werden

Vielen Menschen fällt es wahnsinnig schwer, darüber nachzudenken, wie ihr eigenes Gehirn funktioniert. Darum ein Bild: Stellen Sie sich vor, ein einzelner Gedanke wäre wie ein kleiner Plastikball, tief begraben im gut gefüllten Bällebad des Kinderparadieses. Ständig rauscht und rappelt und wirbelt es darin herum. Und Sie rufen von außen in den Raum: Roter Ball, da unten am Boden, warum machst du das? Er hat keine Ahnung, warum er da unten herumwirbelt, er weiß ja nicht mal, wer oder was er ist.
Manche Stellen unseres Gehirns sind wie ein Bällebad im Kinderparadies. Die Bälle stoßen sich scheinbar zufällig gegenseitig an, und falls mal einer in diesem ganzen Chaos über die Begrenzung drüberfliegt, wird er keine große Geschichte darüber erzählen können, wie das passiert ist. Er fällt einfach raus und sagt was oder macht was. Das kann zum Beispiel im Beziehungsmodul passieren oder im Selbstwertmodul oder in der Sinnabteilung. *Ja, es ist schon wieder passiert, aber ich habe keine echte Ahnung, warum. Dabei bin doch ich der Hauptakteur.*

Nennen wir den Zustand, in dem jemand keine Möglichkeit hat, über bestimmte Abläufe in seinem Kopf nachzudenken, »Tiefschlaf«. Der gilt nicht grundsätzlich. Jemand kann Nobelpreisträger für Physik sein, aber mit seiner Frau oder den eigenen Kindern nicht klarkommen. Ein Lebensbereich ist voll wach, der andere schläft irgendwie. Die Bälle dort machen, was sie wollen, und sorgen dabei ab und zu für Ergebnisse, welche die wache Person am Ende nie wollte und bedauert. Es wäre eine enorme Hilfe, wenn diese Person die Kontrolle über die betreffenden Problembälle in jener Gehirnabteilung bekommen könnte.
Was also bewegt die Bälle in unserem Gehirnbad, wenn gerade keine Aufsicht anwesend ist? Wie tickt unser Verstand, wenn wir in einem Gebiet gerade noch ein wenig schlafen und ihn einfach gewähren lassen? Dann baut er sich seine ganz eigene, völlig logisch wirkende Welt. Und das geht so …

## ☞ Gehirngesetz Nr. 1: Unser Gehirn denkt, was es will – und das ist manchmal nicht das, was wir wollen

Eine wirklich verblüffende Selbstbeobachtung lautet: »Mein Verstand denkt manchmal Dinge, die ich gar nicht denken will. Und obwohl ich das wirklich gerne abstellen würde, denkt er es dennoch ständig weiter.«
Verblüffend ist diese Beobachtung deshalb, weil da ganz offensichtlich ZWEI in Ihrem Kopf sind. »Ich« und »mein Verstand«. Sie können also Ihrem Verstand manchmal ganz bewusst bei der Arbeit zusehen. Aber eben nur manchmal. Ein anderes Mal über längere Strecken auch nicht. Dann macht er Dinge, die Sie später im Rückblick vielleicht bereuen oder einfach nicht verstehen.

Doch die Faszination bleibt: Das Gehirn scheint manchmal zu denken und zu entscheiden, was es für richtig hält, während SIE das eigentlich nicht tun würden. SIE und Ihr Gehirn sind in diesem Fall nicht identisch. Ohne hier in die Tiefen von Philosophie und Psychologie einzusteigen, können wir dennoch das Wissen nutzen: Unser Gehirn denkt viele Dinge irgendwie automatisch, also außerhalb unserer bewussten Kontrolle. So weit, so klar – und auch kein Problem.

### ☞ Wie Sie das in einen Vorteil verwandeln und sich damit Ihr Leben zurückholen

Die Frage, *warum* ich etwas denke, ist scheinbar wirklich simpel. So simpel, dass viele Menschen sie sich kaum bis zu Ende beantworten. In Wahrheit ist es eine der größten Fragen, die Sie sich jemals stellen können. Denn wenn Sie sich selbst immer weiter und tiefer nach dem »Warum« befragen, landen Sie schnell bei der Frage nach dem »Wer bin ich, und was ist der Sinn meines Lebens?«. Das klingt für den Alltag oft zu groß und zu kompliziert, also lassen wir es meist schnell wieder bleiben. So kommt es zu der verbreiteten »Weil es halt so ist«-Philosophie. Doch »Weil es halt so ist« ist ein Gefängnis. Brechen Sie das auf. Lassen Sie die Lebenssinnsache sausen, und nutzen Sie die Frage »Warum denke ich das?« als Frage für Ihre wahre Motivation. *Was will ich in Wahrheit hinter dem, was ich gerade will?*

Ein Beispiel: Sie wollen zu jemandem immer lieb und nett sein, obwohl Ihnen nicht danach ist. Warum? Damit man zu Ihnen ebenfalls lieb und nett ist. Aber warum? Vielleicht weil Sie befürchten, die Beziehung würde sonst zerbrechen. Doch wenn Sie immer nur lieb und nett sind, retten Sie gar nichts außer einer schlechten Beziehung, die offenbar darauf beruht, dass Sie verzichten und sich kleinmachen. Die ehrlich beantwortete Warum-Frage hat Sie zu dieser Erkenntnis gebracht.

## ☞ Gehirngesetz Nr. 2: Unser Gehirn ist eine Gefühlsfabrik

Nicht unsere Gedanken treiben uns zu etwas hin oder von etwas weg. In Wahrheit sind es unsere Gefühle und Emotionen. Ein Gedanke alleine hat kaum Kraft, wenn ihn nicht ein motivierendes Gefühl unterstützt.
Sie essen einen Kuchen nicht, weil es logisch ist, eine bestimmte Menge Kohlenhydrate aufzunehmen, sondern weil Sie Lust darauf haben. Sie leben nicht mit Ihrem Partner zusammen, weil es logisch ist, sondern weil Sie ihn mögen. Sie trennen sich auch nicht, weil es logisch ist, sondern weil es unerträgliche Gefühle erzeugt, weiterhin zusammenzubleiben. Auch wenn wir sachlich nachvollziehbar denken, suchen wir immer im Hintergrund bestimmte Gefühle.
Genauer gesagt: Ihr Gehirn versucht, bestimmte Gefühle zu bekommen. Immer. Es ist ein Gefühlsjunkie. Selbst wenn Sie eine Matheaufgabe lösen, wartet am Ende ein Gefühl, und mittendrin laufen ebenfalls Gefühle ab. Was immer wir tun, ist untrennbar mit Gefühlen und Emotionen verbunden. Gott sei Dank, denn das ist ein Teil des Menschseins.
Unser Verstand möchte also bestimmte Gefühle bekommen und andere Gefühle vermeiden. Das ist gelegentlich ein Problem. Denn was, wenn er – fast – alles tun würde, *um ein bestimmtes Gefühl zu bekommen*? Was, wenn wir alles täten, damit ein anderes Gefühl *keinesfalls noch mal kommt*? Dann hätte ES uns im Griff, das Naturgesetz des Unterbewusstseins. Dann rennen wir den einen Gefühlen

hinterher, und vor anderen Gefühlen rennen wir weg. Diese Haltung unseren Gefühlen gegenüber nimmt uns in manchen Bereichen die Kontrolle über unser Leben.

### ☞ Wie Sie das in einen Vorteil verwandeln und sich damit Ihr Leben zurückholen

Weil unser Verstand immer Gefühle haben oder vermeiden will, brauchen Sie zumindest darüber nie mehr zu diskutieren. Nicht mit anderen und nicht mit Ihnen selbst. *Ich will das, weil es sich gut anfühlt.* Punkt. *Ich mache das nicht, weil es sich schlecht anfühlt.* Punkt. Das befreit Sie davon, ständig über alles diskutieren zu müssen.
Zweitens dürfen Sie nun entscheiden, nicht jedem Gefühl ungefragt zu folgen, nur weil es zufällig da ist. Stattdessen folgen Sie, weil es Ihre Entscheidung ist. Weil es zu einer Logik passt, die wiederum zu Ihrem Leben passt.

## ☞ Gehirngesetz Nr. 3: Unser Gehirn ist ein Glücksjunkie

Das ist der wirklich uralte Teil in unserem Kopf. Der Teil, der sich die süße Banane vom Baum holen soll. Genau jetzt, weil sie jetzt da oben hängt, und wer weiß, ob sie nachher noch da ist.
Gehirngesetz Nr. 3 macht uns oft Probleme bei der Konzentration auf wichtige Dinge. Dieser archaische Teil unseres Gehirns will sich hier und jetzt sofort sein Glück abholen. Entweder denken wir dann dauernd an die Glücksbanane und können deshalb nicht lange bei einer anderen wichtigen Sache bleiben. Oder wir holen uns die Glücksbanane parallel, während wir an der wichtigen Sache arbeiten. Beides macht uns eines Tages vielleicht unglücklich, weil

dadurch keine gerechtfertigte Belohnung mehr wirklich funktioniert.

### ☞ Wie Sie das in einen Vorteil verwandeln und sich damit Ihr Leben zurückholen

Glücksbananen sind als Belohnungen *nach* dem Erfolg einer Handlung gedacht. Etwas vom Baum holen zum Beispiel. Nicht gedacht sind sie als Mittel für Dauerbelohnungsgefühle. Setzen Sie also bewusst eine Belohnung aus, und legen Sie auch fest, wann Sie diese bekommen. Installieren Sie einen inneren Wächter für Ihren inneren »Glücksaffen«. Das ist der Sinn des berühmten Feierabendbiers oder der festgelegten Kaffeepause.
Ihr Gehirn reagiert aber auch auf eine andere Art von Belohnung: Vollendung. Wenn Sie eine Sache fertig haben, erzeugt das immer ein Glücksgefühl. Zerlegen Sie eine Aufgabe also in kleine Einheiten oder kleine Etappen, und erkennen Sie jedes Teilziel als vollendeten Erfolg an. Super! Wieder etwas fertig. Glücksgefühl.

### ☞ Eine super Idee: Leben nach dem Lustprinzip

- Unser Gehirn lebt zum Teil nach diesem Lustprinzip, weil es so konstruiert ist. Das müssen wir also nicht ändern. Stattdessen können Sie das Prinzip nutzen, indem Sie erlauben, einer Lust zu folgen, aber erst nach einer getanen Arbeit, nach einer endlich vollzogenen Handlung oder gelösten Aufgabe. Lustverschiebung sozusagen.
- Tatsächlich können Sie superunglücklich werden, wenn Sie lange Zeit Dinge tun müssen, die ihnen keinerlei Glücksgefühle geben. Darum bauen Sie sich unbedingt Zeitfenster ein, in denen Sie etwas einfach nur deshalb

tun, weil es ein Glücksgefühl auslöst. Aber Achtung vor der Falle! Shopping wäre zum Beispiel naheliegend, weil es Glück erzeugt, aber wie jeder schon erlebt hat, hält dieser Zustand nicht besonders lange an und kann auf Dauer teuer werden. Süßigkeiten und Essen spenden ebenfalls Glücksgefühle, sind aber auch nicht besser als Shopping. Auffällig bei solchen Lösungen ist, dass der Takt steigt. Am Ende könnte man fast nur noch shoppen und dabei gleichzeitig essen und wäre dennoch ein paar Minuten später wieder unglücklich. Machen Sie sich diese Dynamik einfach nur klar, das genügt und wirkt schon.

- Bestrafen Sie sich niemals für diesen Mechanismus, das macht das Unglück nur größer.
- Wenn sich Ihr Gehirn an einen kurzen Belohnungstakt gewöhnt hat, machen Sie diesen Takt Stück für Stück wieder länger.

## ☞ Gehirngesetz Nr. 4: Unser Gehirn will Liiiiiebe!

Und zwar die Liebe, die mit Anerkennung und Zugehörigkeit zu tun hat: die Lobliebe. Das heißt: Wir fühlen uns zugehörig und geliebt, wenn wir gelobt werden. Diese ewige Sehnsucht nach Zugehörigkeit kann Sie richtiggehend fertigmachen, sofern sie keine Erfüllung findet. Denn das uralte Sippengesetz in unseren Zellen will einfach, dass wir irgendwo irgendwie dazugehören. Wenn Sie diesen Antrieb nicht beaufsichtigen, kann Ihr Gehirn in einen derartigen Lob-mich-Stress kommen, dass es fast alles tun würde, um Anerkennung und Wertschätzung im Außen zu bekommen – nur, um sich dafür gleichzeitig selbst zu verachten.

### ☞ Wie Sie das in einen Vorteil verwandeln und sich damit Ihr Leben zurückholen

Loben, gut finden, lieb haben … Machen Sie das alles zuerst mit sich selbst. Loben Sie den Teil in sich, der gerade etwas gut gemacht hat, und zwar noch ehe es ein anderer tut. Seien Sie selbst immer die erste Instanz, die etwas zu sagen hat. Alle anderen sind nachrangig, dürfen zwar auch ihre Meinung äußern, aber am wichtigsten ist immer Ihr eigenes Lob.

Liebe von einem geliebten Menschen ist eine andere Sache. Hier möchte Ihr Verstand wissen, dass er bitte keinen Verlust oder Schmerz erfahren wird, weil der andere Sie so sehr liebt, dass er für immer bleibt und damit die Geborgenheit und Sicherheit ebenfalls bleiben. Weil Sie das aber nie sicher wissen können, ist es eine gute innere Haltung, besonders dankbar für diesen Moment, diesen Tag, dieses Jahr zu sein. Dann sind Sie immer wieder voller Dankbarkeit für die Liebe und nicht in der Not, sie zu verlieren.

## ☞ Gehirngesetz Nr. 5: Unser Gehirn hat Ziele. Immer. Wirklich.

Kaum ein Gedanke hat »absolut nichts vor«. Ihr Gehirn will immer etwas. Eine Lösung, eine Antwort, einen Gegenstand, eine Handlung, eine Reaktion, einen Frieden, eine Befreiung von etwas, etwas verstehen und so weiter. Weil Sie nur selten aufhören können zu denken, brauchen Sie eigentlich eine Menge an Zielen und Unterzielen, sonst drehen Ihre Gedanken leer oder hängen sich an den immer gleichen Dingen auf.

Wenn Sie keine klaren Ziele haben, kann Ihnen jemand unbemerkt etwas von Ihrem Leben wegnehmen, indem er

Ihnen seine Ziele einflüstert. Super, denkt Ihr Verstand, das ist doch ein gutes Ziel. Aber er denkt oft nicht darüber nach, ob es auch langfristig *Ihr* Ziel ist.

### ☞ Wie Sie das in einen Vorteil verwandeln und sich damit Ihr Leben zurückholen

Wenn unsere Gedanken ohnehin dauernd Ziele haben, können wir das nutzen, indem wir immer wieder auf ein bewusst entschiedenes Masterziel blicken. Dieses oberste Ziel wird nicht ständig verändert. Es kann zum Beispiel lauten: »Ich will ein Leben mit einem Partner an meiner Seite, der gleichzeitig mein bester Freund, Geliebter und engster Vertrauter ist.« Das ist ein klarer Auftrag für Ihre Gedanken, an dem sich viele Unterziele ausrichten werden. Wenn es nicht dieser Mensch ist, dann ist es ein anderer, oder wir arbeiten daran. Das Ziel, einen wirklich guten Partner zu haben, bleibt aber erhalten.

## ☞ Gehirngesetz Nr. 6: Unser Gehirn liebt Probleme

Weil es eine Problem-löse-Maschine ist, sucht unser Gehirn ständig nach Problemen. Falls Sie gerade selbst keine haben, die man lösen kann, dann eben bei anderen. Falls Sie da auch niemanden finden, dann eben in der Welt. Sie lesen eine Meldung über Flüchtlinge? Was entdecken Sie? Ein Problem! Sofort denken Sie darüber nach, was man verändern oder verbessern sollte oder was Sie persönlich tun würden oder praktisch tun können. Oder Sie denken, dass es Ihnen in Wahrheit egal ist, aber dass diese Einstellung auch ein Problem sein könnte, denn wenn es allen egal wäre, hätten wir Vollchaos. Darum bezahlen wir ja die Politiker, doch die schaffen es ja offensichtlich auch

nicht, weil sie selber Probleme haben, so ein Mist … Und so weiter.
Ihr Gehirn hört erst dann auf zu denken, wenn Sie tot sind. Und selbst dann macht es erwiesenermaßen noch eine ganze Zeit weiter. Es mag sein, dass Sie manchmal genug von dem ganzen Gedankentheater haben, aber Ihr Gehirn hat niemals genug von Ihnen.

### ☞ Wie Sie das in einen Vorteil verwandeln und sich damit Ihr Leben zurückholen

Geben Sie sich selbst eine Aufgabe, ein Hobby, eine Nebenbeschäftigung. Etwas, bei dem Sie Dinge bewegen können, die Ihnen etwas bedeuten, ohne dabei durch Dinge auszubrennen, die in Wahrheit für Sie keinen Sinn machen.
Falls Sie mit einem Menschen ein Problem haben, untersuchen Sie, ob es in Wahrheit nur existiert, damit Sie beide ein verbindendes Problem haben. Suchen Sie sich ein besseres Problem, dessen Lösung etwas für Sie bringt.

## ☞ Gehirngesetz Nr. 7: Unser Gehirn ist rettungslos manipulierbar

Zum Thema, wie extrem leicht wir alle manipulierbar sind, wie viel wir in der Fantasie zur Realität hinzudichten (> 90 %) oder wie begrenzt der Ausschnitt ist, den unsere Sinneswahrnehmungen uns von der Welt liefern (0,000001 %), könnten wir uns mit Zahlen und Experimenten füttern, bis uns schlecht wird und wir anschließend alle Forscher hassen, die uns immer wieder diese Beweissuppe aufkochen. Könnten wir. Widerspricht aber Gehirngesetz Nr. 3, demzufolge wir darauf achten sollten, möglichst viel Spaß an allem zu haben, was wir tun.

Dennoch bleibt es eine Tatsache, dass wir leicht verführbar und manipulierbar sind und selbst auch ab und zu gerne verführen und manipulieren. Der Punkt, an dem Ihnen etwas von Ihrem Leben verloren geht, wäre erreicht, wenn Sie einer Manipulation lange Zeit aufsitzen, sich dabei verausgaben und am Ende mit Nachteilen dasitzen.

### ☞ Wie Sie das in einen Vorteil verwandeln und sich damit Ihr Leben zurückholen

*Ich glaube es gerne, wenn ich es erlebe.* Glauben Sie nicht so einfach, was jemand verspricht. Glauben Sie an sichtbare Ergebnisse.
*Ich weiß, was ich will.* Verschaffen Sie sich selbst Klarheit, wo Sie gerade stehen und wohin Sie wollen. Sonst macht das der andere für Sie.
*Man muss nicht alles verstehen.* Geben Sie den Gedanken auf, Sie müssten irgendwann alles und alle verstehen. Das ist nicht möglich.
*Ist das so?* Prüfen Sie selbst nach, was Ihnen spanisch vorkommt. Das macht Spaß und bereichert zudem Ihre Gedanken.

## ☞ Gehirngesetz Nr. 8: Unser Gehirn macht reihenweise Fehler

Unser Gehirn ist ein unglaublich fehlerhafter Computer. Das macht aber gar nichts, denn wenn wir perfekte Computer haben wollen, erfinden wir perfekte Computer. Dennoch glauben viele Menschen noch, sie müssten anstreben, möglichst fehlerfrei zu arbeiten, zu denken, zu handeln und zu leben. Damit erschaffen Sie sich allerdings eine Reihe selbst gemachter Probleme.

### ☞ Wie Sie das in einen Vorteil verwandeln und sich damit Ihr Leben zurückholen

Es gibt Menschen, die Ihnen die Tatsache, dass Ihr Gehirn Fehler macht, als Schwäche ans Bein binden. Weil Sie vielleicht keine Schwäche zeigen wollen, versuchen Sie, das zu verbergen, zu beschönigen oder zu überspielen. Sie wollen den Fehler ausgleichen und fühlen sich genau dabei schuldig oder klein gegenüber »Ihrem Ankläger«. Schluss damit! Wer ohne Fehler ist, werfe den ersten Stein. Ansonsten höre er auf mit der Anklage. Fehler zu machen, ist völlig in Ordnung. Ein Fehler wäre es nur, wenn Sie glauben, Sie sollten keine Fehler haben oder machen. Weil Sie dann am Haken hängen und ständig unter Druck stehen.

### ☞ Geht das alles auch kürzer?

Na klar! Fassen wir mal kurz zusammen. Das Ding in unserem Kopf denkt also oft, was es will, und nicht immer, was wir wollen. Dabei produziert es reihenweise Gefühle und Emotionen, von denen wir einige toll finden, andere hingegen überhaupt nicht haben wollen. Es will unablässig Belohnungen haben, weil sie Glücksgefühle erzeugen, und natürlich will es die Oberbelohnung Liebe haben, weil das Sicherheit und Geborgenheit verspricht. Nicht zu vergessen die vielen Ziele nah und fern, die es ständig im Auge behält, damit nichts aus dem Ruder läuft. Bei all dem ist unser Gehirn leider manchmal ziemlich manipulierbar und erzeugt eine eigene innere Welt, was auch ein Hauptgrund dafür ist, dass es in der Welt da draußen reihenweise Fehler entdeckt. Unser Gehirn verfügt also über allerbeste Voraussetzungen, um uns ein überraschendes, abwechslungsreiches und spannendes Leben zu verschaffen.

# *Holen Sie sich Ihre Wahrheit zurück*

*Moment mal, das betrifft mich nun wirklich nicht. Ich habe meine Wahrheit.*

**Ach was, noch nie manipuliert worden?**

*Okay, vielleicht ab und zu.*

**Auf kein Versprechen hereingefallen? Nie ausgenutzt worden? Keinen Vertrauensmissbrauch erlebt? Immer die eigene Wahrheit gelebt?**

*Also gut, her damit.*

Wir lieben es, über unser Revier im Leben Bescheid zu wissen, weil uns das Sicherheit und Kontrolle über unser Leben verleiht. Darüber hinaus verleiht es uns einen gewissen Status, wenn wir Dinge wissen, die andere interessant finden. Etwas zu wissen, das andere unbedingt haben wollen, verleiht uns sogar Macht. Wissen ist also wirklich Macht. Leider bedeutet das auch: Wenn wir etwas von dem Wissen eines anderen haben wollen, liefert uns dieses Bedürfnis seiner Macht aus. Das ist kein Problem, solange der andere ein guter Mensch mit den besten Absichten für uns ist. Was aber, wenn es ein Mensch mit den besten Absichten *für sich selbst* ist?
Tun wir mal kurz so, als gäbe es einen Experten, der uns mit Vergnügen die wichtigsten Geheimnisse der Manipulation offenbart, weil er schon rein beruflich eine ziemliche Plaudertasche ist.

## Fiktives Interview mit Dick Tator, Professor für Manipulations-Wissenschaften an der Universität Absurdistan

*Professor Tator, was ist eigentlich Manipulation?*

**Dick Tator:** Einfach gesagt: dem anderen seinen freien Willen nehmen und durch meinen Willen ersetzen. Dann macht er, was ich will, und denkt dabei sogar noch, er würde es selbst wollen.

*Warum tut jemand so etwas?*

**D. T.:** Aus drei Gründen. Er hat persönliche Vorteile. Er liebt das Gefühl der Macht. Er erhält Sicherheit.

*Wie interessant. Also sind alle Manipulatoren irgendwie Egoisten oder Böse?*

**D. T.:** Nicht unbedingt, denn wenn man es mal päpstlicher als der Papst sieht, manipuliert jeder Mensch irgendwie. Sie haben mich zum Beispiel zum Essen in dieses wunderbare und teure Restaurant eingeladen, damit ich Ihnen wohlgesonnen und kostenlos ein Interview gebe, mit dem Sie dann wiederum bei Ihren Lesern punkten können.

*Also, so habe ich das nie gesagt.*

**D. T.:** Aber insgeheim gewollt. Es ist eine Art stilles Geschäft, dem wir beide zugestimmt haben. Aber wenn ich weiß, dass es so ist, und dennoch zustimme, ist es keine Manipulation mehr.

*Noch etwas Wein?*

**D. T.:** Danke. Das muss Ihnen nicht unangenehm sein. In Absurdistan manipulieren wir uns alle von morgens bis abends. Hier ist das normal.

*Ich bitte um Verzeihung, ich bin noch nicht besonders geübt darin.*

**D. T.:** Kein Problem, Sie sind ja noch jung.

***Also ist es nicht immer negativ, andere zu beeinflussen?***

**D. T.:** Keineswegs. Beziehung ist ja immer gegenseitige Beeinflussung. »Schatz, ich will heute mit Lilly zum Chinesen. Dafür gehen wir morgen in deinen Kinofilm.« Das ist genau genommen manipuliert, aber dennoch finden wir es normal. Wir wollen ja hier keinen Verfolgungswahn auslösen.

***Also ist nicht alles, was andere beeinflusst, schlecht?***

**D. T.:** Nein, da wollen wir mal nicht die Pferde scheu machen. Unser Lehrstuhl hat eine Checkliste entwickelt, mit der man erkennen kann, ob man in einer Manipulation steckt, die den freien Willen vereinnahmt. Wir nennen es die »Aufweckliste«. Hier, sehen Sie mal.

## Die Aufweckliste

(©Lehrstuhl für Manipulations-Wissenschaften | Prof. Dr. Dick Tator | Universität Absurdistan)

Jeder, der Ihren freien Willen manipulieren möchte, wird sich der immer gleichen Werkzeuge bedienen. Weil das Gehirn bei den meisten Menschen sehr ähnlich funktioniert, genügen seit Jahrtausenden die immer gleichen Tricks, um in den Verstand des anderen einzudringen. Wer allerdings die folgenden Tricks kennt, dem kann sein freier Wille kaum genommen werden. Also geben Sie diese Liste besser an niemanden weiter, den Sie später mal manipulieren möchten.

- ❍ **Hülle dich in Charisma.** Mach dich toll, aber nicht indem du es sagst, das merken sie, sondern indem du ganz nebenbei toll bist und es abwinkst.
- ❍ **Biete Vorteile überall.** Eine leichtere Welt, schöne Versprechen …

- ❍ **Sei die Quelle des Vertrauens.** Ich mach das schon ...
- ❍ **Stelle dich als Steuermann zur Verfügung.** Aber tu so, als wäre es ungewollt. Sie geben ihren Willen gerne ab, wenn es bequem ist und gut klappt. Aber nur jemandem, der ihn eigentlich nicht wollte und scheinbar dazu gedrängt wurde. Dann denken sie, es wäre sicher.
- ❍ **Deine Worte müssen in ihren Kopf.** Schaffe es, dass sie dich in ihren Gedanken hören und nach außen hin zitieren.
- ❍ **Erschaffe Einfachheit.** Die Welt ist kompliziert, und sie zu verstehen, ist anstrengend. Das Gehirn liebt einfache Erklärungen viel mehr als komplizierte. Mache es simpel, und ihr Kopf übernimmt es.
- ❍ **Sei stabil.** Gib niemals deine einfache Lösung auf, nur weil komplizierte Fakten dagegen sprechen. Erschaffe lieber eine neue einfache Lösung.
- ❍ **Erschaffe Ausschließlichkeit.** Wer nicht für dich ist, ist gegen dich. Sie müssen deine Wahrheit lieben und alle anderen Wahrheiten bezweifeln.
- ❍ **Habe immer gutes Futter.** Jeder hat Hunger nach irgendetwas. Habe immer den besten Wurm auf deinem Haken. Sei du der Lieferant, oder es macht jemand anders.
- ❍ **Erfinde ein klares Feindbild.** Egal wer der Feind ist, Hauptsache, du hast einen, damit sie sich hinter dir versammeln. Die Evolution in ihren Zellen springt auf jede Art von Bedrohung an. Selbst auf Zukunftsfantasien über Bedrohung.
- ❍ **Gib ihnen eine Gruppe.** Die Guten / Starken sind wir. Das Wir-Gefühl und der Schutz des scheinbaren Rudels sind wie ein Stück ersehnter Liebe.

- **Kontrolliere das Wissen.** Zeige ihnen: Die Schlauheit ist immer bei uns, die Dummheit ist überall da draußen. Darum ist es sogar gefährlich, da draußen weiter nachzuforschen.
- **Installiere Angst.** Indem du ihnen sagst (oder noch besser sie spüren lässt), dass ein Unglück geschieht, wenn sie deiner Lösung nicht folgen. Für die Welt oder für einen selbst. Und wenn sie dich verlassen, geschieht ein Superunglück. Besonders für sie selbst.
- **Installiere einen Abwehrmechanismus** gegen Erkenntnisse über deine Manipulation. Idealerweise mache alle abtrünnigen Gedanken zu einer Schwäche (Stufe 1) oder zu einem persönlichen Risiko (Stufe 2) oder zu einer Todesangst (Stufe 3). Sie müssen denken: Ich darf das nicht denken und schon gar nicht sagen, weil das nicht gut für mich ist.

***Beeindruckend. Darf ich das veröffentlichen?***

**D. T.:** Selbstverständlich, sofern Sie meinen Namen nennen und nicht sagen, dass es ein Doktorand für mich geschrieben hat.

***Gerne. Das sieht alles so einfach aus. Und extrem neu ist es auch nicht. Warum durchschaut das nicht jeder?***

**D. T.:** Zwei Gründe. Erstens gibt es Menschen, die ganz genau das suchen und wollen.

***Was? Manipuliert zu werden?***

**D. T.:** Nein, kaum jemand würde sagen, dass er es liebt, manipuliert zu werden. Aber viele suchen und wollen die Vorteile von dem, was auf der Liste steht. Und damit werden sie automatisch Mitglied im Verein der Manipulierten.

***Und die anderen, die nicht wollen, was auf der Liste steht?***

*Warum geraten sie dennoch hinein?*

**D.T.:** Aus dem zweiten Grund: Weil man die Aufweckliste meistens nicht in der Tasche hat, wenn das Spiel beginnt. Und wenn man sich später schon innerhalb des Spiels befindet, ist der freie Wille bereits ... nennen wir es ›eingeschlafen‹. Wir haben übrigens noch einen weiteren Erfolgsfaktor für Manipulation festgestellt: wenn der Manipulator selbst gar nicht denkt, er würde negativ manipulieren. Stattdessen ist er davon überzeugt, er würde die Welt oder einen Menschen besser machen.

*Durch Manipulation? Im Ernst?*

**D.T.:** Oh ja, denn er selbst findet gar nicht, dass es Manipulation ist. Er findet, er würde ein Verbesserungsprojekt leiten und für alle etwas Gutes tun. ›Ich mach das alles nur zu eurem Besten.‹ Wir nennen ihn der »gute Hirte«. Geben Sie mir mal Ihre Serviette.

*Warum denn?*

**D.T.:** Damit ich Ihnen den »guten Hirten« aufschreiben kann. Ich möchte richtig zitiert werden.

## Achtung, hier kommt der »gute Hirte«

(©Lehrstuhl für Manipulations-Wissenschaften | Prof. Dr. Dick Tator | Universität Absurdistan)

Sind Sie unter der Fuchtel eines »guten Hirten«? Kreuzen Sie mal an ...

❍ Sie bekommen das Gefühl, dass er sich sehr um die Verbesserung Ihrer Lebenssituation sorgt. Aber: ungebeten, irgendwie zu früh, zu schnell, zu intensiv. Wir kennen uns doch noch gar nicht richtig ...

- Er gibt Ihnen alle Gefühle, die Sie sich so sehr ersehnt haben. Aber: Sie wissen nicht so recht warum. Es scheint irgendwie zu perfekt, fast wie in einem Film. Sie sind doch ein normaler Mensch und keine Göttin / kein Gott.

Bis hierhin könnte alles auch eine ganz normale Verliebtheits-Situation sein. Jedoch verändern sich im Lauf der Zeit Ihre anfänglich glücklichen Gefühle in Richtung Druck und Zweifel. Und Sie wissen gar nicht recht warum. Weiter geht es dann so ...

- Der »gute Hirte« nimmt sich auch Ihrer Zweifel an. Er hat Verständnis für Ihre seltsamen Gefühle. Stück für Stück lässt er Sie in die Überzeugung rutschen, dass Sie noch Mängel haben (die er aber toleriert) oder eben noch nicht so weit sind, wohingegen er weiterhin so perfekt und stark ist wie zu Beginn.
- Langsam, aber sicher übergeben Sie dem »guten Hirten« immer mehr von Ihrem Leben. Sie erleben, dass er Arbeit damit hat, Sie auf sein Meister-Niveau zu bringen. Das macht Sie dankbar. Zum Ausgleich geben Sie seiner Idee von Lebensgestaltung den Vorrang vor Ihren Ideen und Wünschen. Und Sie vertrauen seiner Weltsicht und seinen Argumenten und scheinbaren Fakten mehr als den Ihren.
- Der »gute Hirte« ist nun Ihre Idolfigur, Ihr neuer Papa, Ihr Held, Ihr Vorgesetzter, der Platzanweiser für Ihr Leben. Oder etwas in dieser Art.

***Cool, danke. Allerdings ist die Serviette aus Stoff, ich glaube, die muss ich jetzt bezahlen.***

**D. T.:** Macht nichts, das ist es wert. Übrigens sollten Sie sich nie vorwerfen, auf einen »guten Hirten« reingefallen zu sein. Das zeichnet Sie sogar eher aus. Alle guten Menschen lieben Menschen, die Gutes tun. Also neigen wir dazu, jemandem diese großherzige Idee zu glauben.

***Danke, sehr freundlich formuliert. Aber dennoch, warum erkennen wir das erst so spät?***

**D. T.:** Einerseits, weil der »gute Hirte« eine starke Ausstrahlung hat. Schließlich bietet er anderen etwas, das sie suchen. Und dann natürlich, weil wir einfach nicht als grundsätzlich misstrauisches Wesen durch unser Leben gehen möchten. Das macht schlechte Gefühle. Tief im Herzen wollen wir vertrauen. Wir wollen unbeschadet lieben dürfen.

***Hätten Sie einen Tipp für alle, die sich ihren freien Willen zurückholen möchten?***

**D. T.:** Etwas Einfaches?

***Falls es geht.***

**D. T.:** Weil es ein Spiel ist, lautet die erste Lösung: »das Spiel verlassen«. Versuchen Sie nicht, gegen einen Manipulator zu gewinnen. So jemand hat lebenslang Übung in seinem Handwerk. Wenn Sie selbst kein Mensch sind, der so denkt, haben Sie als Amateur keine Chance, einen Profi auf seinem eigenen Spielfeld zu schlagen. Zweitens der »Reset«: Erinnern Sie sich unbedingt an das, was Sie wollten und wer Sie waren, ehe Sie mit dem Manipulator in Kontakt kamen. Drittens das »Aufrollen«: Untersuchen Sie die erlebte Vorgehensweise mit dem Blick eines Versuchslaborleiters. Was ist Ihnen wann im Detail widerfahren? So enttarnen Sie Werkzeuge und Technik und erkennen, wo man Sie erwischen konnte. Das schützt Sie vor künftigen Wiederholungen. Zudem bekommen Sie dabei die Logik in Ihrem Kopf wieder klar.

***Das klingt jetzt doch nicht so einfach, besonders wenn man schon länger drinsteckt.***

**D. T.:** Es wird sofort viel einfacher, wenn Sie absolut nichts mehr vom Manipulator wollen. Dann hat er Ihnen nichts mehr zu bieten. Falls übrigens mehrere Personen unter einem Manipulator leiden, lautet das oberste Ziel: Tauscht Euch über jedes Wort und jede Handlung sofort aus. Der Manipulator lebt davon, dass er jedem bestimmte Geheimnisse anvertraut. Das fühlt sich wie eine kleine Ehre an. In Wahrheit erzeugt er damit Fronten und verhindert, dass sich seine Schafe zusammenrotten. Also keinerlei Geheimnisse oder geheime Abmachungen zulassen, sich nichts im Vertrauen sagen lassen.

***Tja, das ist leicht gesagt …***

**D. T.:** Kopf hoch. Mein Lehrstuhl hat das Wichtigste kurz und bündig zusammengefasst. Hier, nehmen Sie das Kärtchen, und tragen Sie es immer bei sich. Wenn ich einmal berühmt bin, werden Sie damit reich.

## So befreien Sie sich von Manipulationen

(©Lehrstuhl für Manipulations-Wissenschaften | Prof. Dr. Dick Tator | Universität Absurdistan)

Solange Sie den Wurm wollen, beißen Sie auch in den Haken. Also geben Sie den Wurm auf. Verzichten Sie auf die Vorteile, die der Manipulator Ihnen anbietet. Anders geht es nicht.

Haben Sie das Gefühl, dass der andere immer eine Art Restwissen bei sich behält, um das Sie ringen müssen oder das Sie gar nicht erst bekommen? Das ist sein Machttrick. Entscheiden Sie so: Er hat nichts, wirklich gar nichts, was Sie brauchen. Lassen Sie ihm alle seine schönen Würmer in der Angelbox.

Forschen Sie selbst, was das Zeug hält. Sie sind klug genug, um Ihre eigenen Dinge auch selbst herauszubekommen. Wenn jemand etwas behauptet, das Ihnen seltsam vorkommt, googeln Sie sich einen Wolf, bis Sie wissen, ob er recht hat oder lügt.

Gibt es eine Person, die Sie über sich stellen? Verändern Sie das, und stellen Sie sich selbst über sich. Platz drei ist dann für andere.

Finden Sie heraus, welche schöne bequeme Sofamulde es Ihnen verschafft, sich die ganze Zeit zulullen zu lassen. Wenn Sie diese Vorteile erkannt haben, werfen Sie das ganze Sofa raus.

***Ich bin im Namen unserer Leser dankbar, dass Sie alle Arten von Merkblättern so sehr lieben. Professor Tator, vielen Dank für das Interview.***

☞ ☞ ☞

*»Manipulation endet, wenn die eigene Wahrheit wieder ganz oben steht. Auch wenn es manchmal anstrengend sein mag.«*

☞ ☞ ☞

## CHECKLISTE:
## *Manipulationen entgehen*

- Ich bin innerlich der Wahrheit oder der Suche nach ihr verpflichtet.
- Ich habe eigene Ziele im Leben klar über fremd gesteckte Ziele gesetzt.
- Ich bin bereit, auf alles zu verzichten, was ein Manipulator zu bieten hat, notfalls auch auf die gesamte Beziehung.
- Ich habe eine natürliche, starke Allergie gegen Köder und geheime Info-Spielchen.
- Ich habe keine Angst vor Liebesentzug durch Manipulatoren.
- Ich liebe es, Dinge auch mal selber nachzuprüfen und mich schlauzumachen.

# ☞ Warum es Nonnen besser haben: Die drei Säulen für einen gesunden, glücklichen Verstand

In einer als »Nonnenstudie« berühmt gewordenen Untersuchung fand der Epidemiologe David A. Snowdon von der University of Minnesota etwas heraus, das für Ihr künftiges Leben eine große Bedeutung haben könnte. Snowdon hatte von 1986 an über längere Zeit hinweg 678 katholische Nonnen in verschiedenen Klöstern und im Alter von 75 bis 105 Jahren untersucht. Dabei ging er vor allem folgender Frage nach: »Welche Faktoren in der frühen, mittleren und späten Lebensphase erhöhen das Risiko, an Alzheimer zu erkranken?«

Bis dahin galt der Zusammenhang, dass Alzheimer von der Bildung bestimmter Ablagerungen (Plaques) im Gehirn verursacht wird, als sicher. Alzheimer schien also eine rein organische Krankheit zu sein, bei der – einfach gesagt – das Organ Gehirn kaputtgeht. Und tatsächlich fand Snowdon zunächst nach dem Tod einiger Nonnen in deren Gehirnen besagte Plaques, was diese Annahme bestätigte.

Dann jedoch entdeckte er mit dem Gehirn von Schwester Bernadette »eines der schlimmsten Alzheimer-Gehirne, das wir jemals hatten«, so Snowdon. Das Problem war allerdings: Schwester Bernadette war bis zu ihrem Lebensende mit 85 Jahren stets körperlich und geistig fit gewesen. Ein

Alzheimer-Gehirn völlig ohne Alzheimer. Dieser Umstand widersprach der Plaque-Theorie.
Snowdon forschte weiter und untersuchte eben besagte 678 Gehirne von Nonnen. Dabei stellte er in nur 10 % der Fälle einen Zusammenhang zwischen besagten Plaque-Ablagerungen und Demenz fest. Die bisherige Theorie war damit widerlegt. Offenbar kann ein Gehirn auch mit Plaques einwandfrei weiter funktionieren. Dennoch gibt es viele Gehirne, die mit zunehmenden Plaques auch in die Demenz rutschen.
In weiterführenden Studien wurde nun der Zusammenhang zwischen den Lebensumständen und der Gehirngesundheit der Nonnen untersucht. Dabei kam es zu einem für uns alle ermutigenden Ergebnis: Unser Gehirn kann bis ins hohe Alter von der Funktion her in einem sehr guten Zustand bleiben, wenn wir auf drei Faktoren achten. Drei Dinge, die für unseren Verstand ein Muss sind, um gut zu funktionieren. Und egal ob man sich um Alzheimer sorgt oder nicht – diese drei Dinge sind so essenziell, dass sie völlig unabhängig vom Alter das Leben »gut« machen und das Gehirn intelligent, wach und gesund halten. Fehlt einer dieser drei Faktoren, haben wir eine überdurchschnittliche Wahrscheinlichkeit, dass unser Gehirn auch in frühen Jahren mit dem Abbau seiner Leistungsfähigkeit beginnt.

## ☞ Die drei Säulen für einen gesunden Verstand

### ☞ Säule 1: Sinn

Ja, schon klar, wir sind glücklich, wenn wir einen Sinn im Leben spüren. Aber die Nonnenstudie geht weit darüber hinaus. Nonnen haben für gewöhnlich Aufgaben, die für sie in ihrer Welt einen großen Sinn machen. So sehr, dass sie ein Leben lang nur mit Taschengeld, einem Berg an Vorschriften, in Bequemsandalen und Einheitskleidung, ohne Besitz, ohne Kinder, ohne Partner… *glücklich sind!* Ihr persönlicher Sinn ist ihnen so klar und so hoch angesiedelt, dass alles andere kein echtes Problem ist und sie zudem bei geistiger Gesundheit hält. Sie wissen in jedem Moment, warum sie tun, was sie tun, und sie zweifeln gar nicht oder nur selten daran.

- **Übersetzung in die »normale« Welt:** Wenn Sie jeden Morgen aufstehen, aber nicht wissen WARUM und WOFÜR Sie aufstehen, wird Ihr Gehirn sich immer mehr mit dieser Frage beschäftigen. Doch immer wenn es eine Antwort haben will, kommt in der Gedankenkette *Ich weiß es nicht*, also: »Abbruch!«. Wenn Gedankenketten abbrechen, sind sie instabil. Die neuronale Verschaltung, also die Nervenkette, wird nicht vollständig. Es ist wie eine kleine Läsion, eine unfertige kaputte Autobahn. Sehr viele kleine abgebrochene Gedankenketten werden eine Art Klumpen. Irgendwann kommen nur noch Antworten wie: *Keine Ahnung. Wer weiß das schon. Ist doch egal* … Das Gehirn lässt buchstäblich das Denken los. Es geht kaputt.

### ☞ Säule 2: Einflussmöglichkeit

Nonnen haben Aufgaben. Jedes Mal, wenn sie ihre Pflicht ausüben, erleben sie, wie sie etwas verändern. Sie erleben, wie sie etwas machen, das eine Bedeutung hat und eine Rolle für andere spielt. Selbst wenn sie morgens nur die Kerzen anzünden, machen sie etwas, das in ihrer Welt nicht nur Sinn ergibt, sondern auch die Welt verändert. Die meisten Nonnen sind in wichtige Hilfs- oder Sozialprojekte eingebunden und verändern auch tatsächlich etwas im Leben der Menschen, mit denen sie täglich zu tun haben.

- **Übersetzung in die »normale« Welt:** Wenn Sie jeden Tag denken: *Ich kann doch eh nichts ausrichten, wen interessiert das schon?*, zerstören Sie sich selbst das Erlebnis, wie schön es ist, einen Beitrag zu einer Veränderung zu leisten. Ja, Sie mögen vielleicht in vielen Dingen einen großen Sinn erkennen, aber wenn Sie aus Ihrer Sicht nichts *beeinflussen* können, gibt Ihr Gehirn irgendwann auf, etwas damit zu tun haben zu wollen. Man könnte denken, das wäre nicht so wichtig, doch in Wahrheit gehen damit die Gedankenketten kaputt, die sich einen *Zusammenhang zwischen Ihren Handlungen und der Welt* merken. Sie können sich selbst zu nichts mehr motivieren, weil kaum geschlossene Ketten mit motivierenden Erlebnissen in Ihrem Gehirn zu finden sind. Was wiederum ein typisches Merkmal von Demenz ist.

### ☞ Säule 3: Verstehbarkeit

Wenn eine Nonne etwas macht, weiß sie für gewöhnlich genau, warum sie das tun soll und wie sie das tun soll und welchen Einfluss das haben wird. Ganz gleich wie andere darüber denken – die Nonne versteht ihre Welt (und in ihrer Sicht auch vieles darüber hinaus) von Anfang bis Ende. In ihrem Gehirn wird also ein Leben lang ein komplexes, aber gerade noch verstehbares Bild immer wieder und wieder durchdacht. Die Welt der Nonne ist sozusagen rund und abgeschlossen, gleichgültig ob andere sagen würden, dass alles davon wahr ist oder nicht. Natürlich ist auch aus Sicht der Nonne die reale Welt nicht immer heil.

Aber die Sicht der Nonne auf diese Welt ist heil und damit *verstehbar*. Darauf kommt es an. Die Gedankengänge brechen nicht ständig ab, sondern kommen zu einem gesunden, immer ähnlichen Ende.

- **Übersetzung in die »normale« Welt:** Wenn Sie in Ihrer Welt etwas Wichtiges einfach nicht verstehen können, macht dieser Zustand Ihr Gehirn mürbe und auf eine Art verrückt. Der Verstand will irgendwann endlich zu einem Ende kommen und die Sache abschließen. Falls er dafür eine Simpel-aber-falsch-Erklärung glauben müsste, tendiert er irgendwann dazu, diese nicht mehr abzuwehren. Nur damit endlich Ruhe ist.
  Damit arbeiten übrigens populistische Parteien: Sie liefern eine einfache, verstehbare Welt für Menschen, die sich nach dieser Gehirnerlösung sehnen. Sie geben einen Sinn, auch wenn er für den Rest der Menschheit nicht sinnvoll ist oder gar Schaden anrichtet. Und sie zeigen Möglichkeiten zur Beeinflussung der Welt auf, auch wenn dies auf Kosten anderer geht. Darum spielt es im Populismus keine Rolle, ob etwas wahr ist. Es geht um das Gefühl, den suchenden Gehirnen in einer komplizierten Welt auf ganz einfache Weise Erlösung anzubieten.

### ☞ Die Bedeutung von »Sinn« für Ihr Leben (Säule 1)

Sinn ist das Licht in Ihrem Leben. Es ist der Funke, der Sie immer wieder nach oben bringt, wenn es dunkel ist. Es ist der rote Faden, der Sie immer wieder führt, wenn alles um Sie herum ein Chaos zu sein scheint. Ihr persönlicher Sinn ist der ganze Grund, warum Sie überhaupt hier sind. Dieser Sinn macht Sie stabil und fast unangreifbar. Sie können alles im Leben an ihm messen und im richtigen Moment argumentieren oder korrigieren. Ihr Sinn ist Ihr Lebenselixier. Jedes Wort, das Ihren Sinn genauer beschreibt, ist für Sie und Ihren Verstand ein Diamant in der Schatzkiste Ihres Lebens. Nie dürfen Sie das von jemandem kaputt machen lassen.

### ☞ Die Bedeutung von »Kontrolle« für Ihr Leben (Säule 2)

Einflussmöglichkeit können Sie auch »Kontrolle« nennen. Kontrolle über die wichtigen Bereiche Ihres Lebens zu haben, ist also nicht nur für Ihr Glück, sondern auch für Ihre geistige Gesundheit essenziell wichtig. Sie haben jedes Recht der Welt, sich die Kontrolle zurückzuholen, wo sie Ihnen genommen wurde oder wo sie auf andere Weise verloren ging.

### ☞ Die Bedeutung von »Verstehbarkeit« für Ihr Leben (Säule 3)

Niemals dürfen Sie zulassen, dass Sie jemand für dumm verkauft oder Ihnen das Gefühl vermittelt, Sie könnten nicht auch selbst lernen, etwas zu verstehen. Sie müssen nichts dulden oder einfach nur glauben. Fragen und hinterfragen Sie, fordern Sie Erklärungen, durchdenken Sie es selbst. Glauben Sie niemandem etwas, nur weil er es so sagt. Glauben Sie es erst, wenn Sie es auch persönlich ganz und gar verstanden haben. Das macht Sie glücklich und hält nebenbei Ihren Verstand jung und gesund.

### ☞ Die große Logik hinter unlogischem Verhalten

Ein Mensch macht und sagt und denkt diese scheinbar völlig unlogischen Dinge deshalb, damit seine kleine innere Welt a) sinnvoll, b) kontrollierbar und c) verstehbar bleibt. Sein Gehirn erschafft sich – psychologisch ausgedrückt – eine »konsistente Welt«, um zu überleben.

Wenn ein Mensch fünfzig Jahre lang an etwas geglaubt hat und Sie möchten ihm nun beweisen, dass er damit schon immer grundlegend unrecht hatte, würde das eine enorme Menge seiner Synapsen auseinanderreißen. Dem wird er sich vermutlich widersetzen. Er wird Sie vielleicht sogar angreifen, vom Thema ablenken, weghören, vieles verwechseln, alles schlechtmachen oder aggressiv werden. Weil Sie seine Welt zerstören. Und das würde am Ende sein Gehirn und seine geistige Gesundheit zerstören. Er wehrt sich aus Selbsterhaltungstrieb.

Vielleicht hilft Ihnen das, bei den »schwierigen Fällen« in Ihrem Beziehungsleben zu einer Milde zu kommen. Lieber ist der andere gesund und in einem Irrtum befangen als völlig aufgeklärt und am Ende unglücklich oder gar irre. »Lass ihm doch seine Welt« ist manchmal das Liebevollste, was man in so einem Fall tun kann.

# Holen Sie sich Ihren Selbstwert zurück

*Das ist jetzt echt irgendwie mein Thema. Mir fehlt da schon immer etwas, das manche scheinbar im Überfluss haben. Aber so einfach ist das nicht.*

**Und warum nicht?**

*Um mir meinen Selbstwert zurückzuholen, fehlt mir auch schon der Selbstwert.*

**Ach, wie ungünstig …**

*Ja, aber ganz sicher bin ich mir da auch nicht. Wenn ich nur wüsste, ob ich den Selbstwert jemals schon hatte, dann könnte ich ihn mir vielleicht besser zurückholen. So dreht sich das immer im Kreis bei mir.*

**Gut, dann sehen wir uns den Kreis mal an.**

Es gibt Menschen, die nie im Leben über Selbstwert nachdenken und dennoch vollkommen selbstbewusst und erfolgreich ihre Dinge tun. Würde man sie fragen, wie sie es anstellen, so viel Selbstwert zu haben, wüssten sie schlichtweg keine Antwort. Ganz einfach, weil sie über diese Frage noch nie nachgedacht haben.

Falls Sie sich dafür interessieren, wie Sie zu mehr Selbstwert kommen, ist das eine wirklich wertvolle Information für Sie. Denn ganz offensichtlich ist Selbstwert als Erfolgsfaktor für viele erfolgreiche Menschen unerheblich. Es ist einfach kein Thema. Wie kann es dann sein, dass der Selbstwert für manche Menschen zu einer so großen, lebensbestimmenden Aufgabe geworden ist? Vielleicht gibt es hier einen Logikfehler? Das wäre prima, denn dann würde eine neue Art zu denken das festgefahrene Problem auflösen.

## Wo genau ist er denn, dieser Selbstwert?

In Wahrheit ist Selbstwert etwas, das Sie von außen an jemandem beobachten, der erfolgreich sein Leben meistert. Sie sehen, dass er sich nicht so leicht vom Weg abbringen lässt, dass er nicht ständig an sich selbst herumnörgelt, dass er die Fähigkeit hat, Positives zu sehen, dass er seine Beschlüsse auch durchzieht, dass er seine Kraft und seine Ressourcen für sich selbst und seine Ziele einsetzt und dass er Entscheidungen trifft, auch wenn das Ergebnis unsicher ist. All das fassen Sie als Zuschauer zu einem Wort zusammen und nennen es Selbstwert. *Wow, der hat es!*

Der Betreffende allerdings beobachtet das alles gar nicht an sich selbst. Er macht einfach nur seine Dinge. Selbst wenn er einmal sagt »Das bin ich mir wert«, so macht er das nicht, weil er damit an seinem Selbstwert *arbeitet*. Er drückt lediglich aus, dass eine Investition in sich selbst in Ordnung ist, weil nur so ein gutes oder erfolgreiches Leben herauskommen kann. Eigentlich könnte man locker auf den Selbstwert verzichten und einfach nur die gerade genannten erkennbaren Dinge umsetzen, und das ist es.

Falls das so einfach ist, warum macht das dann nicht jeder? Fragen wir einen Experten …

## Interview mit Guru Singhsang, dem Meister des Selbstwerts

*Guru Singhsang, wie kamen Sie auf die Idee, aus dem Selbstwert eine Religion zu machen?*

**Guru S.:** Oh, das war nicht meine Idee. Sehen Sie sich um, hier in Indien ist alles eine Religion. Was Sie auf dem Kopf tragen, wie lang Ihre Haare sind und wie Sie sich rasieren, ist Religion. Welche Farbe Sie tragen und wie Sie Ihr Tuch um den Leib wickeln, ist Religion. Was Sie essen und wie Sie es essen, ist Religion. Sogar wenn es regnet, ist das Religion, und wenn der Staub die heiligen Kühe verdorren lässt, ist es ebenfalls Religion. Der Glaube ist alles, was wir haben, und wer keinen Glauben hat, ist hier gar nichts.

*Verständlich. Aber warum ausgerechnet Selbstwert? Warum nicht irgendein Gott?*

**Guru S.:** Wie gesagt war das nicht meine Idee. Niemand in Indien hatte jemals ein Selbstwertthema. Aber wir haben viele westliche Touristen. Sie kommen in unsere Ashrams und fragen, wie es ihnen gelingt, mehr an sich zu glauben. Zu Beginn waren wir wirklich verblüfft, doch immer mehr kamen mit genau dieser Glaubenskrise. Sie sagten: ›Ich stecke im Leben fest, und es mangelt mir an Selbstwert.‹ Wir versuchten, ihnen etwas über Shiva und Brahma und Devi zu erzählen, aber das interessierte niemanden. ›Selbstwert!‹, riefen sie. Also fertigten wir eine neue goldene Statue an und stellten sie auf den Altar. Sehen Sie, dort hinten.

*Sehr beeindruckend. Sieht aus wie ein großer Affe, der in einen Spiegel blickt.*

**Guru S.:** Irgendwo mussten wir ja anfangen. Das ist Hanuman, der Affengott, und eigentlich guckt er auch nicht in einen Spiegel, sondern zaubert irgendetwas. Aber egal, wir brauchten einfach schnell ein Symbol. Uns war vor einigen Jahren noch nicht klar, dass der Selbstwertglaube eine Art Religion ist. In Indien verstehen wir unter Religion den Glauben an das Universum oder an die Götter.

*Was antworten Sie den Suchenden?*

**Guru S.:** Seit uns bewusst ist, dass es eine Religion ist, laden wir jeden ein, zu kommen und zu beten.

*Sie fordern dazu auf, den Selbstwert anzubeten?*

**Guru S.:** Natürlich nicht. Wir fordern dazu auf, um die Erlösung zu beten.

*Erlösung von was?*

**Guru S.:** Von dem Irrtum, dass der Selbstwert eine Gottheit sei. Denn wäre er eine Gottheit, würde man sie bitten, einem das Leben gut zu machen. Man würde sie um Verzeihung bitten, weil man ihr nicht genügend Opfer gebracht hat. Man würde sich vor ihr zu Boden werfen und alles tun, um ihr zu genügen und zu gefallen, weil sie – wie jede Gottheit – der Weg für das persönliche Leben ist.

*Aber …?*

**Guru S.:** Aber das ist natürlich Unsinn. Selbstwert ist eine Illusion, die das Selbst sich erschaffen hat. Die eigenen Gedanken glauben, sie müssten lernen, sich selbst besser zu finden, ehe sie mit guten und richtigen Handlungen beginnen können. Die Gedanken behaupten, ehe das nicht geschieht, könne man keine Ziele erreichen und kein gutes Leben führen.

*Ist das denn nicht so?*

**Guru S.:** Man kann richtig und gut handeln, völlig egal, wie viel oder wenig Selbstwert man in sich angesammelt zu haben glaubt. Selbstwert und erfolgreiche Handlungen sind nur verknüpft, solange man daran glaubt. Dann ist es eine Religion.

*Zum Abschluss eine persönliche Frage: Sie sind ein international bekannter Guru. Verfügen Sie über Selbstwert?*
**Guru S.:** Keine Ahnung, ich mache hier nur jeden Tag meine Sachen und freue mich, wenn es klappt.
*Herzlichen Dank für Ihre Zeit.*

## Die Logik der Selbstwertreligion und wie sie zustande kommt

Wenn jemand in seiner Kindheit ständig runtergemacht oder bestraft wurde oder ihm nie wirklich Lob oder Liebe zuteilwurde, spürt er als Erwachsener deutlich, dass ihm hier »etwas« sehr fehlt. Dieses Etwas hat mit der Anerkennung durch andere Menschen zu tun. Eigentlich können neue gute Erfahrungen im Jetzt alte schlechte Erfahrungen von früher überschreiben. Doch unglücklicherweise werden Menschen mit Selbstwertthemen aus der Kindheit während ihres Erwachsenenlebens ebenfalls nicht mit Anerkennung überschüttet. Wie ein Magnet ziehen sie Menschen an, die ihnen oft wieder eine draufhauen.
Der Mensch fühlt, dass andere ihm mit Worten, Gefühlen oder Verhaltensweisen immer wieder den Stempel »Minderwert« aufdrücken. *Du bist nichts wert.*
Nun denkt unser Verstand meistens linear logisch, also a) eins folgt dem anderen, und b) alles hat immer auch ein Gegenteil. Darum denkt er zum Thema Minderwerts-Gefühle als Erstes: *Okay, wir haben hier Minderwert, das ist klar. Was ist das andere Ende der Fahnenstange? Da muss ich hin. Die lassen mich ständig spüren, dass ich wenig wert bin, da muss ich einfach voll gegen angehen. Ich muss meinen Wert in mir selbst erhöhen, sonst geht das nicht gut aus.*

Ab da hat der Verstand ein neues Ziel: die »Selbstwert-Erhöhung«.
Klingt erst mal logisch.
Aber dieses Vorhaben erschafft ein neues Problem. Denn wenn der Selbstwert gering ist, wie soll man dann die Wahnsinnsaufgabe lösen, ihn zu erhöhen? Wenn kein Sprit im Tank ist, wie soll man dann durch Gasgeben schneller vorankommen?

### Ich nichtswürdiger Wurm: Selbstwert in Japan

Aus Extremen kann man gut lernen, weil sie eine normalerweise versteckt ablaufende Sache besonders anschaulich an den Tag bringen. Was extreme zwischenmenschliche Verhaltensweisen betrifft, ist Japan ein wunderbares Studienland.
Folgender Bericht stammt vom Inhaber einer japanischen Firma, die ihre Mitarbeiter für bestimmte gesellschaftliche Aufgaben vermietet. Real-Schauspieler sozusagen:
Wenn ein japanischer Angestellter – ganz gleich in welcher Position – einen Fehler gemacht hat und das Unternehmen der Tradition folgt, muss er sich in aller Öffentlichkeit und nach einem genau festgelegten Ritual entschuldigen. Er muss vor seinem Vorgesetzten in einer Art Hundeposition auf den Boden gehen, dabei müssen Knie und Hände auf dem Boden aufliegen. Nun muss er sich lautstark selbst beschuldigen und immer wieder sein größtes Bedauern über seinen Fehler beteuern. Das Ritual schreibt zudem vor, dass beide Hände sichtbar vor Aufregung zittern müssen als Zeichen dafür, dass der Beschuldigte es wirklich ernst meint.
Während dieses Ritual stattfindet, beschimpft der Vorgesetzte den Untergebenen lautstark und »drischt« mit wilden Verwünschungen und Beleidigungen auf ihn ein.

Ziel der ganzen Sache ist es, das Selbstwertgefühl des Betroffenen zu zerstören, denn Selbstwert gilt in Japan als großer Makel. Und Fehler zu machen, ist für Japaner ein Ausdruck von Unachtsamkeit aufgrund von Überheblichkeit, also von zu hohem Selbstwert. Immerhin – wer es sich leisten kann, mietet sich einen Statisten von besagter Firma, der das Entschuldigungsritual für ihn übernimmt.

**Von den Japanern lernen: Das sollten Sie keinesfalls tun**

So also geht Selbstwertzerstörung. Von diesem Beispiel kann man lernen, was man nach einem Fehler *keinesfalls* tun sollte:

A) sich erniedrigen (ganz übel für das Unterbewusstsein und die Ausstrahlung in der Zukunft)
B) längere Schuldgefühle vorspielen oder in sich selbst pflegen (sich kurz schuldig zu fühlen, ist in Ordnung, dann aber ist Schluss damit, und es geht ums Weitermachen)
C) sich beschimpfen oder entwürdigen lassen (geht gar nicht)
D) unüberlegte Beteuerungen abgeben (die wirken wie Versprechen, und man trägt für die Zukunft diese Last mit sich)
E) sich einem Ritual unterwerfen (sonst schleift sich das ein und wird zur Gewohnheit)

Warum neigen manche von uns dazu, sich dennoch so zu verhalten? Weil die Biologie in uns gelegentlich noch zuschlägt. Bei Rudeltieren ist es verbreitet, sich nach einem Fehler dem Alphatier zu unterwerfen. Das Tier in uns will das machen. Doch zum Glück verleiht uns unser freier Wille die Macht, dieser Jahrmillionen alten Programmierung nicht immer weiter zu folgen. Wir können uns dazu entscheiden, es ganz bewusst anders zu machen.

## Wie Sie die Selbstwertreligion loswerden

All die Gründe, die Sie bereits kennen, sind wahr: Kindheit, nie gelernt, ein Partner, der Sie unterdrückt hat, und so weiter. Das sind Ursachen für geringen Selbstwert. Aber sie dürfen nicht zu einer Bibel werden, in der Sie ständig nachblättern. Werfen Sie die Ursachenbibel draußen in den Müll. Entsorgen Sie sie. Und dann: Deckel zu. Wieder reingehen. Weitermachen.

Ohne die Nachblätterbibel haben Sie neue Möglichkeiten. Sie können Ihren Willen frei einsetzen. Nicht mehr nach dem alten Gebetbuch. Sie können neue Beschlüsse fassen.

◗ *Freier Wille 1:*

Es geht nicht darum, einen Selbstwert in sich zu erhöhen oder einen Minderwert in sich selbst zu vernichten. Es geht darum, den Glauben daran aufzugeben, dass dieses Thema noch weiter bearbeitet und gelöst werden muss. Die alte Bibel hat das zwar behauptet, aber die liegt nun im Müll. Weiter mit dem Selbstwertthema rumtun oder aufhören, damit rumzutun: Das ist jetzt die Entscheidung Ihres wirklich freien Willens.

◗ *Freier Wille 2:*

Nun geht es darum, einige der Dinge, die wegen des angeblichen Selbstwertproblems festhängen, einfach zu machen – so, wie man jeden Tag isst und schläft und duscht und auf die Toilette geht und sich die Haare kämmt. Ganz ohne

Selbstwert. Aufstehen. Machen. Fertig. Der freie Wille ermöglicht diese Entscheidung. All diese Dinge *nicht* zu tun, ist natürlich ebenfalls Teil Ihres freien Willens. Aber die Ausrede, Sie hätten diesen freien Willen nicht, stimmt einfach nicht.

- *Freier Wille 3:*

Suchen Sie nach dem Nutzen, den Ihnen das Mantra »Ich muss an meinem Selbstwert arbeiten« bisher geboten hat. Hier einige Beispiele:

- Vielleicht hat es eine Erklärung für Fremdverschulden geliefert. *Die anderen haben mir den geringen Selbstwert eingepflanzt.*
- Vielleicht war das Mantra eine Ausrede, um weniger verändern zu müssen, als man verändern könnte. *Mein Selbstwert lässt es nicht zu.*
- Oder es war eine einfache Erklärung dafür, warum manche Dinge einfach nicht klappen. *Es liegt am Selbstwert, das ist die Ursache von allem.*
- Vielleicht legt man mit dieser Haltung ganz viel Verständnis und Mitgefühl für sich selbst an den Tag. *Ich verzeihe mir wegen der Selbstwertbehinderung.*
- Oder Geschichten über andere, denen es ähnlich ging wie einem selbst, erschaffen ein Gemeinschaftsgefühl. *Sieh mal, ich bin nicht allein.*
- Vielleicht weckt das Mantra auch eine Hoffnung auf Errettung. *Ich muss einfach nur weiter warten, dann kommt der Selbstwert schon.*
- Oder der geringe Selbstwert bringt den geheimen Vorteil einer Hoffnung auf ein besseres Leben nach diesem schwierigen Leben. *Mein Leiden wird irgendwann durch einen höheren Ausgleich belohnt.*

Falls Sie etwas davon bei sich entdecken, schnappen Sie es sich, gehen damit noch einmal raus zur Mülltonne und schütten es über die Bibel.

## So holen Sie sich Ihren Selbstwert zurück

### Schluss mit dem ewigen Denken an F E H L E R!!!

Praktisch jeder, dem gefühlt Selbstwert fehlt, glaubt, er sei im Vergleich zu anderen irgendwo unzulänglich, weil er auf eine Art »fehlerhaft« sei. Das Schlüsselwort, auf dem alles aufbaut, lautet: »Fehler«. *Ich habe Fehler gemacht. Ich mache Fehler. Ich bin ein Fehler auf zwei Beinen. Ich kann das nicht. Ich muss noch besser werden.* Als Nächstes kommt das Gefühl, anderen damit zu schaden und froh sein zu können, dass man dennoch geduldet wird. Also macht man den Japaner, entschuldigt sich und unterwirft sich. Und schon ist der Selbstwert dahin.

### So machen Sie jeden Fehler selbstwertneutral

Vielleicht denken Sie, Sie hätten irgendwann einen Fehler gemacht und dieser Fehler sei nun ein Problem für jemanden. Dann entschuldigen Sie sich und fühlen sich dennoch irgendwie mies. Und damit haben Sie Ihr gutes altes Selbstwertproblem wieder. Hier ein vielleicht neuer Gedanke zum Thema, wie sich Synapsen neu verbinden können und die alten Autobahnen verschwinden.
Sie machen also einen Fehler und haben anschließend ein gefühltes Problem in sich. Aber: Das Problem ist *nicht,* dass Sie sich entschuldigen. Das Problem ist auch *nicht,* dass es Ihnen leidtut. Das Problem ist, dass Sie denken, Sie hätten nun etwas gutzumachen. Das Problem ist das *Schuldgefühl.* An dieser Stelle gehen Ihnen Ihr Leben und

Ihr Selbstwert verloren. Über Schuldgefühle fühlen Sie sich anderen Menschen verpflichtet, und Verpflichtung ist ein Lebensräuber.

Streichen Sie das Wort »Fehler« aus Ihrem Sprachgebrauch und aus Ihren Gedanken. Wirklich, es geht konkret um das Wort. Es gibt ab sofort keine Fehler mehr. Es gibt nur etwas, das man macht, und entweder klappt es oder nicht. Falls nicht, hat man etwas gelernt und versucht, es beim nächsten Mal besser zu machen. Fertig.

Statt zu sagen »Oh, Entschuldigung, mein Fehler, kommt nicht wieder vor«, könnten Sie sagen »Oh, das hat nicht geklappt, danke für den Hinweis«. Oder: »Aha, das war nicht zielführend, beim nächsten Mal probiere ich, es anders zu machen.«

Versprechen Sie nach einem Fehler GAR NICHTS. Sonst geraten Sie in ein Selbstwertproblem. Wenn Sie ein Versprechen geben, bekommen andere Macht über Sie. Und wenn Sie sich selbst ein Versprechen geben und es nicht gelingt, machen Sie sich selbst Vorwürfe. Das bringt gar nichts.

Keine Fehler. Keine Versprechen. Nur Dinge machen und lernen.

### Holen Sie sich die Deutungshoheit zurück

Deutungshoheit heißt: das Recht zu entscheiden, was richtig und falsch ist und welche Bedeutung etwas hat oder nicht. Deutungshoheit meint auch das Recht, darüber zu entscheiden, ob Sie etwas gut gemacht haben.

Falls Sie dieses Recht jemand anderem übergeben haben – oder es sich jemand einfach genommen hat –, holen Sie es sich jetzt sofort zurück.

Sie allein entscheiden, welche Bedeutung das hier gerade hat oder nicht. Sie allein entscheiden, ob es perfekt ist oder

okay oder verbesserungswürdig. Sie entscheiden, was Sie als Nächstes mit dem Ergebnis machen werden. Und nur Sie entscheiden, ob Sie überhaupt etwas an sich oder einer Sache verändern wollen.
Das klingt egoistisch, aber es ist dennoch gut so, denn Menschen mit einem Selbstwertproblem haben oft zu wenig Egoismus und sind zu häufig mit Menschen zusammen, die zu viel Egoismus haben. Da ist es ganz wunderbar, wenn man einen gesunden Egoismus lernt und die Deutungshoheit für das eigene Leben von nun an wieder übernimmt.

### Wann kommen endlich meine Superkräfte? Das Problem vor dem eigentlichen Problem

Wenn Sie glauben, Sie müssten an Ihrem Selbstwert arbeiten, hören Sie am besten sofort damit auf, an Ihrem Selbstwert zu arbeiten. Das Selbstwertproblem ist ein »vorgeschaltetes, virtuelles Problem«. Wenn Sie zum Beispiel einen neuen Job suchen und denken »Dafür bin ich aber noch nicht gut genug, ich muss erst mehr Selbstwert gewinnen«, schalten Sie ein Problem vor die eigentliche Aufgabe. Erst Selbstwert gewinnen. Dann neuen Job suchen. Als wäre der Selbstwert eine Art Superkraft, die irgendwann, vielleicht, gnädigerweise Einzug hält, und als könnte und dürfte man erst danach alle verfahrenen Situationen lösen. Diese Fantasie wird im eigenen Kopf erzeugt, darum ist das Selbstwertproblem nicht real, sondern virtuell.
Ganz ähnlich ist es in der Partnerschaft oder bei der Partnersuche. »Ich kann einfach nicht verstehen, warum sie bei diesem Typen bleibt, obwohl er sie so runtermacht.« Antwort: Weil sie denkt, sie brauche erst noch irgendetwas, sprich: Selbstwert, ehe sie die Situation verändern kann.

Und so wartet sie und hofft darauf, dass sie diese Superkräfte gewinnt, die dem Partner Einhalt gebieten können.

**Schicken Sie Superwoman und Superman nach Hause**

Holen Sie sich Ihre Kraft zurück. Beenden Sie die Fantasiegeschichte über Selbstwert als notwendige Superkraft. Fragen Sie sich: Welchen Nutzen hat mein Unterbewusstsein, wenn ich das »Nicht genug Selbstwert«-Problem immer wieder vorschiebe? Was vermeide ich damit? Welche Folgen hat das auf Dauer? Will ich das weiterhin als meine Religion pflegen?

Graben Sie kurz in Ihrer Kindheit: Welchen Nutzen hatte der Mensch damals, der Ihnen den minderen Selbstwert eingeredet hat? Sehen Sie in der Gegenwart nach: Welchen Nutzen verschafft sich heute jemand, indem er Sie geringen Selbstwert spüren lässt?

Entziehen Sie allen Personen, die so etwas machen, hier und heute rückwirkend die Erlaubnis, sich an diesem Nutzen zu bereichern. Ihr freier Wille ist stark genug, um eine neue, bessere Religion zu erschaffen.

☞ ☞ ☞

*»Falls Sie vermuten,*
*Sie hätten hier oder da nicht genügend Selbstwert,*
*so lehnen Sie das nicht an sich ab.*
*Lieben Sie stattdessen*
*genau diesen scheinbaren Makel an sich.*
*Auf diese Weise lieben Sie Ihr eigenes Wesen,*
*und das ist identisch mit Selbstwert.«*

☞ ☞ ☞

## CHECKLISTE:
## *Selbstwert zurückholen*

- Ich habe die Selbstwertsuche als Lösungsidee für Probleme oder ein besseres Leben aufgegeben.
- Ich habe mein Fehlerdenken in den Müll geworfen und mein Lerndenken aktiviert.
- Ich tue wichtige Dinge einfach nur, weil es ansteht, statt auf Selbstwert zu warten.
- Ich habe beschlossen: Verbesserungen zu diskutieren, ist erlaubt, aber persönliches Unterwerfen kommt nie wieder infrage.

# Holen Sie sich Ihre Zeit zurück

*Meine Zeit zurückholen? Das ist doch physikalisch unmöglich! Weg ist weg, da beißt die Maus keinen Faden ab.*

Ja, das könnte man denken, wenn man davon ausgeht, dass es sich um Ihre bereits vergangene Zeit dreht. Die können Sie nicht zurückholen. Aber jetzt, in diesem Moment, stehen Sie an einem Bahnhof vor lauter Zügen, die – voll beladen mit Ihrer Lebenszeit – auf die Abfahrt in alle möglichen Richtungen warten. Und jetzt können Sie das noch verhindern, Zeit umladen, eine Ladung verringern oder sich den einen oder anderen Zug komplett zurückholen. Ihre Zeit vergeht zwar ständig, aber wohin sie vergeht, können Sie beeinflussen.
Einige Ihrer Zeitladungen sind bereits unterwegs. In diesem Fall wäre es Ihr Job nachzusehen, ob Sie das jetzt noch so wollen. Bei anderen Zeitladungen haben Sie Verträge unterschrieben oder spüren Verpflichtungsgefühle. So wie in dieser Art:

*Mein Sohn, am Sonntag koche ich für euch euer Lieblingsgericht. Habe schon eingekauft.* Ja, Mama.
*Weihnachten seid ihr alle bei Oma und Opa. Und Ostern ist auch schon gebucht, gell?* Ja, Oma. Ja, Opa.
*Am Samstag findet eine Firmenveranstaltung plus Schulung statt und den halben Sonntag mit dazu.* Klar, Chef, supi!

*Zwei Kollegen sind ausgefallen, das musst du jetzt machen.* Ganz toll, mach ich doch gerne.
*Die Kinder müssen weggebracht, abgeholt und herumgefahren werden.* Nichts lieber als das und danke, dass du dabei an mich denkst.
Und so weiter.

Unablässig saugt irgendetwas anderes Ihre Zeit ab, manchmal so schnell, dass Woche um Woche vergeht wie nichts. Jahr um Jahr. Das Problem ist: Weil alles so wichtig ist, denken Sie meistens »Das hat jetzt gerade Vorrang«. Und dann machen Sie es eben. Dieses Mal noch – oder eben immer wieder. Geht ja nicht anders.

Das kann auch jahrelang so klappen. Aber irgendwann kommt der Moment, an dem alles zusammenkommt und nichts mehr klappt. Wenn Sie krank werden und länger am Stück oder ein paar Mal hintereinander ausfallen. Dann sind die netten Kollegen irgendwann nicht mehr so »amused«. Wenn Ihr Partner die Kinder herumfahren muss, obwohl er bisher immer etwas anderes machen durfte, ist er ebenfalls nicht lange begeistert.

Das Leben verplant Ihre Zeit praktisch von selbst, und wenn Sie etwas davon wiederhaben wollen, wird das Leben sauer und zerrt daran herum wie ein Hund an der Wurst. Wenn Sie ein Zeitpaket einmal hergegeben haben, händigen es Ihnen nur die wenigsten gerne wieder aus. Fast so, als hätten Sie das Recht verloren, wieder selbst darüber zu verfügen.

Das mag noch immer kein Problem sein. Doch eines Tages bahnt sie sich vielleicht an, die Midlife-Crisis. Oder irgendetwas Ähnliches in der Art, das Sie in den Zeugenstand ruft und von Ihnen unter Eid eine Antwort darauf haben will, warum Sie das alles eigentlich tun und was Sie im Angesicht Ihres Restlebens dazu zu sagen haben. Irgendwann klagt Sie vielleicht Ihr eigener Lebenssinn an. Aber das muss nicht sein, wenn Sie vorher die richtigen Weichen und Bremsen für Ihre Lebenszeit-Züge gefunden haben.

## Der alte Benny und die Zeit

Von dem Kaufmann, Verleger und späteren Staatsmann und Gründervater der USA Benjamin Franklin ist die folgende Begebenheit überliefert.
Eines Tages kam ein Kunde in Franklins Verlag und fragte einen Mitarbeiter nach dem Preis eines Buches. Der Mitarbeiter antwortete, es würde einen Dollar kosten, woraufhin der Kunde nach dem Verleger fragte, um den Preis herunterzuhandeln.
Benjamin Franklin, der gerade dabei war, die Zeitung für den kommenden Tag zu setzen, antwortete aus dem Hintergrund, das Buch würde nicht einen Dollar kosten, sondern einen Dollar fünfundzwanzig.
»Aber Ihr Verkäufer sagte soeben, es würde einen Dollar kosten«, beschwerte sich der Kunde.
»Hätten Sie es nur zu diesem Preis gekauft, statt mich von der Arbeit abzuhalten«, sagte Benjamin Franklin.
Der Kunde gab sich damit nicht zufrieden und fuhr fort, um den Preis des Buches zu feilschen.
»Also, was ist nun der niedrigste Preis, den Sie mir anbieten können?«, fragte er.
»Eineinhalb Dollar«, antwortete Franklin daraufhin. »Und je länger Sie meine Zeit in Anspruch nehmen, umso teurer wird es.«

Diese Grundhaltung zum Wert der eigenen Lebenszeit gab Benjamin Franklin später in seinem Buch mit Ratschlägen für junge Kaufleute weiter: »Denkt immer daran: *Zeit ist Geld.*« Diese Weisheit überdauerte die letzten 250 Jahre und ist heute noch in den Köpfen vieler Menschen präsent.

## Warum Ihre Zeit wie Geld ist und was das mit Ihrem Glück zu tun hat

Warum ist diese Benjamin-Sache wichtig, wenn Sie sich Ihr Leben zurückholen wollen?
Tun wir mal so, als wäre IHRE Zeit wirklich wie Geld. Dann wäre Ihre gesamte Lebenszeit eine bestimmte feste Geldsumme, die Sie nicht vermehren können, weil Sie nicht über Ihren Tod hinaus leben können. Zeit ist also ein Geldbeutel, aus dem nur Geld weggeht und den Sie nie nachfüllen können.
Jede Minute und jede Stunde, jeder Tag und jeder Monat, den Sie für etwas investieren, kostet Sie Zeitgeld aus dem Beutel.
Um noch besser zu verstehen, wie das mit Ihrem Lebensglück zusammenhängt, blicken wir ganz kurz tiefer ins Geld- und Arbeitsleben hinein.

### Wie lautet der Zeit-Deal?

Jede Institution oder Person, für die Sie arbeiten, weiß, dass Sie ihr das kostbarste Gut Ihres Lebens geben. Darum erhalten Sie für Ihre Zeit einen Ausgleich in Form von Geld. Der Deal lautet: Ihr Arbeitgeber kauft Ihnen Lebenszeit ab, verbunden mit dem Recht, darüber zu bestimmen, wie Sie *Ihre Zeit* für die Erreichung *seiner Ziele* einsetzen.

Sie machen das so lange mit, wie die zwei folgenden Anforderungen aus Ihrer Sicht im Lot sind.

**1) Zeit herzugeben, darf Ihre Lebensqualität nicht verschlechtern**

Sonst leiden Sie. Das Geld, das Sie für das Hergeben Ihrer Zeit bekommen, muss Ihr Restleben schöner oder sicherer oder anderweitig besser machen. Umgekehrt ausgedrückt: Wenn es Ihnen mit dem Lohn genauso gut oder schlecht geht wie ohne den Lohn, werden Sie sich fragen, warum Sie dem anderen Ihre Zeit geben sollen. Und falls es Ihnen trotz des Lohnes definitiv schlechter geht, werden Sie irgendwann kündigen oder ewiglich leiden.
Sie könnten nun denken: *Ist ja eh klar, warum sagt er das?* Aber schauen Sie sich das Leben an, sehen Sie zu Bekannten oder Kollegen, und Sie erkennen: Viele Menschen halten Leid bringende Situationen einfach viel zu lange aus. Vielleicht weil ihnen nicht völlig klar ist, dass ihr Zeitkonto sich immer weiter sinnlos entleert, obwohl sie selbst die Verantwortung und Kontrolle und alles Recht der Welt haben, Veränderung in Gang zu setzen. Sie nutzen diese Chance einfach nicht, und dabei geht ihr Leben verloren. Manchmal braucht es nur ein gutes Argument. Hier haben Sie gleich drei: Mein Leben. Meine Zeit. Meine Regeln. Ich bin doch nicht blöd und setze sehenden Auges etwas fort, das mein Leben ständig verschlechtert. Wozu?

**2) Zeit zu verbringen, muss Sinn enthalten**

Sonst werden Sie unglücklich. Ideal wäre es, wenn die Arbeitszeit selbst, also schon ohne Geld, Ihr Leben verbessert, denn obwohl sie bezahlt ist, reicht Geld alleine unserem Verstand auf Dauer nicht als Sinn aus. Die Arbeit darf

Ihr Leben in der Summe gesehen nicht verschlechtern. Anders herum ausgedrückt: Wenn die Arbeitszeit Sie auf Dauer so fix und fertig macht, dass selbst Ihre Freizeit diesen Missstand nicht mehr ausgleichen kann ... Wozu ist der ganze »Mist« dann gut? Was soll das für ein Leben sein, und warum sollten Sie das so weitermachen? Weil Sinn einer der drei großen Gesundheitssäulen des Verstandes ist, macht Sinnlosigkeit ihn auf Dauer tatsächlich krank (siehe ab Seite 51).

## Beziehungen: Hallo? Ich investiere hier gerade mein Leben!

Wenden wir diese beiden Erkenntnisse nun nicht nur auf Ihre Arbeit, sondern auf Ihr gesamtes Leben an, so können wir sagen: Wenn jemand von Ihnen Ihre Zeit und Aufmerksamkeit will, sollten Sie sich fragen, was Ihnen das bringt.

Wirklich!

Seien Sie ein wenig Franklin.

Natürlich haben Sie eine soziale und großherzige Ader, und dann sind da die Menschlichkeit und die Ethik und die Verpflichtungen und das große Herz und all diese Dinge, die uns zu hoch entwickelten Wesen machen. Aber legen Sie das alles für einen Moment beiseite, und stellen Sie sich die einfache Frage:

»Da will jemand einen spürbaren Betrag meiner Zeit. Warum sollte ich das tun, was habe ich davon?«

Denn wenn Sie sich das (theoretisch) niemals fragen, hätten Sie keine Kontrolle über Ihre Lebenszeit und darüber, womit sie gefüllt ist. Ohne diese Frage würden Sie jeder Anforderung nachgeben, jede Bitte erfüllen, sich jeden

Unsinn stundenlang anhören (und sich danach schlecht fühlen). Bewusst mit Ihrer Zeit umzugehen, bedeutet, Grenzen zu setzen und sie zu wahren. Menschen, die sich von anderen immer wieder ihre Zeit stehlen lassen, haben oft auch in anderen Lebensbereichen ein Thema mit dem Grenzensetzen.

### Hey, und was ist mit der Liebe? Das ist doch keine Benjamin-Sache

Doch, ist es genau genommen schon. Liebe bedeutet nicht, dass Sie nie fragen, was Sie von einer Beziehung haben. Liebe bedeutet nur, dass Sie schon die Antwort wissen. Aber dennoch gibt es einen Grund für Ihr Zusammensein, der Ihnen etwas bringt. Klingt unromantisch, ist aber wahr. Und wenn es wahr ist, darf man auch ordentlich darüber nachdenken.

Also, selbst wenn es eine Liebesbeziehung ist, besteht sie aus Liebe und aus Beziehung. Die Liebe kostet Sie keine Zeit, keine Mühe und keinen Aufwand. Die Beziehung hingegen schon. Der Beziehungsteil macht neben aller Freude auch Arbeit. Selbstverständlich fragt sich ein Teil von Ihnen immer wieder: *Stimmt das hier auch? Stimmt es noch immer?* Und ein anderer Teil antwortet: *Aber ja! Und zwar voll und ganz. Wegen der Liebe eben.* Und dann ist es ja auch gut.

Diese Prüfung ist normal und erlaubt. Also lassen Sie es in sich zu, so zu denken. Dann ist es nicht mehr zufällig gut, sondern es ist Ihre bewusste Entscheidung, Zeit mit dem Partner zu verbringen. Auf diese Weise macht das Zusammensein noch viel mehr Spaß.

## So holen Sie sich Ihre Zeit zurück

### Holen Sie sich als Erstes *gedanklich* Ihr Recht darauf zurück

Erinnern Sie sich: Sie haben das RECHT darauf, über Ihre Zeit zu verfügen! Sie tun damit absolut nichts Böses und auch nichts Unmoralisches. Ihre Lebenszeit ist ein Teil von Ihnen und nicht vermehrbar. Später wird kein Hahn danach krähen, ob Sie sich aufgeopfert haben. Aber man wird es achten, wenn Sie Ihr Leben gut gemacht haben und glücklich waren.

### Seien Sie es sich wert

Falls es Ihnen schwerfällt, an Ihren Selbstwert zu glauben (siehe ab Seite 58), machen Sie sich die *Begrenztheit* Ihrer Zeit bewusst. Das Zeug rinnt Ihnen wirklich wie feiner Sand zwischen den Fingern hindurch. Also, wie lange wollen Sie sich noch gegen Ihren Herzenswillen von anderen verplanen lassen?

Fragen Sie sich zwischendurch immer wieder: *Welchen Sinn macht das, was ich gerade tue, für mein Leben?* Und »zwischendurch« heißt nicht einmal im Jahr zwischen Weihnachten und Silvester. Tun Sie Ihrem Geist etwas Gutes: Denken Sie an die erste Gesundheitssäule des Verstandes (siehe Seite 52), und streichen Sie sinnlose Dinge von Ihrer To-do-Liste.

### Machen Sie Ihre Zeit wertvoll, dann lösen Sie auch das Selbstwertthema

Wenn Sie wenig zu tun haben, in dem Sie einen Sinn sehen, werden Sie Ihre Zeit als nicht wertvoll empfinden – und damit auch sich selbst. Und dann geht oft das ganze Selbstwert-Thema in den Graben. Doch genau dort ist Ihr Hebel.

Das Problem mit dem Selbstwert geht nur dann los, wenn Sie sich nicht mit etwas Vernünftigem beschäftigen. Das ist der ganze Kreislauf. Also brauchen Sie das Erlebnis von wertvoll verbrachter Zeit, dann kehrt automatisch auch der Selbstwert zurück, ohne dass Sie sich um Selbstwert kümmern müssen. Ihre Zeit ist ein Glas, und sie ist gut, wenn der Inhalt gut ist.
Selbst falls Sie wirklich einmal gar nichts zu tun hätten, könnten Sie dennoch sehr wertvolle Dinge vollbringen. Sie könnten zum Beispiel kostenlos Menschen helfen und so Ihrer Zeit einen Wert geben, der zwar gerade nicht mit Geld bezahlt wird. Aber einen Wert hat es dennoch. Und es ist besser, als herumzusitzen und zu denken: Ich spüre keinen Selbstwert mehr, wie soll da eine gute bezahlte Arbeit kommen?

## Befreien Sie sich von Zeiträubern

Wenn die eigene Zeit gerade nicht besonders erfüllend ist, neigen wir dazu, uns über alles zu freuen, was sich uns bietet. Leider kommen auch Zeiträuber mit der Einstellung: »Machst du das mal für mich? Du hast doch eh nichts Besseres zu tun.« Diese Einstellung ist Gift für Ihr Unterbewusstsein. Löschen Sie sie. Sehr wohl haben Sie immer etwas Wertvolles zu tun! Es ist ein großes Geschenk und Entgegenkommen, wenn Sie einem anderen Ihre Zeit widmen.
Mit folgenden Maßnahmen können Sie Zeiträuber aushungern oder beseitigen:

### Maßnahme 1: Sichern Sie Ihr Konto

Überall haben Sie Passwörter, damit keiner reinkommt, nur wenn Ihnen jemand Ihre Zeit stiehlt, darf er das lange folgenlos tun. Er darf Ihr Telefon knacken, Ihren eigentlich so schön geplanten Cafébesuch crashen, Ihren entspannten Abend hacken, Ihr Wochenende zu sich herunterladen und so weiter. Weil Sie eben höflich sind. Und weil man eben niemanden zurückstößt. Echte Zeiträuber hebeln Sie genau an dieser Gutmütigkeits-Schwachstelle aus. Einmal am Wickel nehmen sie Ihnen nicht einfach nur Zeit weg, sondern infizieren Ihr Leben gleichzeitig mit Problemen, Gedanken und Gefühlen, die Ihnen nicht guttun. Darum haben die meisten Zeiträuber kein Interesse an wirklich guten Ratschlägen, die ihr Problem beenden würden. Wenn es zu sachdienlich wird, reagieren sie mit Abwehr oder Ablenkung.

Lassen Sie nicht zu, dass Ihre Offenherzigkeit ausgenutzt wird. Erschaffen Sie eine persönliche Zugangshürde. Lassen Sie wenigstens spüren, dass Sie etwas vorhaben, dass Sie erst mal abwägen müssen und dass Sie Ihre Zeit nicht beliebig herumliegen haben.

**Maßnahme 2: Übernehmen Sie die Zeitkontrolle**

Üben Sie sich bei manchen Menschen darin, den Zeitrahmen zu bestimmen. Übernehmen Sie die Kontrolle über zeitraubende Gespräche. Wenn ein Zeitfresser wieder einmal damit beginnen will, Ihnen eine endlose Vorgeschichte zu erzählen, obwohl er eigentlich nur eine kurze Information für Sie hat (oder gar keine), ergreifen Sie gleich zu Beginn die Führung. Sagen Sie: »Ehe es jetzt losgeht – ich bin gerade ganz knapp zwischen zwei Dingen. Sag bitte schnell, was du von mir benötigst.« Durch Schlüsselwörter wie »knapp« und »schnell« und »benötigst« holen Sie die Zeit zu sich zurück, die der andere im Geiste bereits für sich reserviert hatte. Das ist nicht unhöflich, es ist einfach nur Zeitmanage-

ment. Meist benötigt der andere gar nichts, er will nur Ihre Aufmerksamkeit. Aber die gehört Ihnen. Mit diesem Verhalten übernehmen Sie augenblicklich die Kontrolle über die Situation (Gesundheitssäule 2 für den Verstand).
Zeiträuber neigen dazu, Ihre Höflichkeit und Nettigkeit zu benutzen, um Ihnen Aufmerksamkeit und Zeit aus dem Kreuz zu leiern. Also seien Sie einfach nur sachlich und klar. Wenn Sie mit einem Zeiträuber zusammen sind und es Ihnen zunehmend schlecht geht, schützen Sie Ihre Grenze. Machen Sie es kurz. Und falls gar nichts mehr geht: Aufzustehen und sich zu verabschieden, ist auch mal eine Option, weil »meine Zeit – so gerne ich es auch würde – es leider nicht erlaubt, länger zu bleiben«. Dem anderen bleibt seine Würde erhalten und Ihnen Ihre Zeit.

**Maßnahme 3: Bestimmen Sie selbst, wie der Kontakt abläuft**

Viele Zeiträuber haben eine Taktik. Sie wollen Ihnen den Weg vorgeben, wie der Kontakt abläuft. Damit kontrollieren sie Ihre Zeit, denn solange Sie der gelegten Pipeline folgen, sind Sie darin gefangen.
»Wir müssen uns treffen, weil es etwas Wichtiges zu besprechen gibt.« So könnte eine Pipeline, also eine sofortige Übernahme Ihres freien Willens, zum Beispiel klingen. Erstens müssen Sie gar nichts. Zweitens entscheiden Sie zu gleichem Anteil, ob es etwas zu besprechen gibt. Und drittens entscheiden Sie erst, wenn Sie wissen, worum es sich handelt, ob es für Sie den Aufwand lohnt, sich überhaupt zu treffen. Und erst danach – in Schritt vier – geht es um die Abstimmung eines Treffens. Das ist die richtige Reihenfolge, damit Ihnen nicht klammheimlich die Kontrolle über Ihre Zeit genommen wird.

Ein Trick des Zeiträubers, damit Sie das nicht hinbekommen, liegt in Geheimniskrämerei. Wenn er Ihnen nicht genau sagt, worum es geht, werden Sie denken: *Oh, das ist wichtig, klar, ich überlasse ihm die Kontrolle.* In diesem Moment haben Sie sich bereits unterworfen.

»Okay, ab sofort gibt es keine Mystery-Andeutungen mehr mit mir. Ich will immer zuerst wissen, worum es geht, dann entscheide ich mich, was wir vereinbaren.« Wenn Sie nicht auf den versteckten Befehl einsteigen, lässt sich plötzlich alles auch am Telefon oder per Chat klären.

**Werfen Sie Zeiträuber-Dinge raus**

Zeiträuber sind nicht nur Menschen, es können auch *Dinge oder Zustände* sein, die Ihnen die Lebenszeit wegnehmen, ohne dass Sie dafür etwas bekommen. Ihr Zeitkonto wird abgesaugt, und am Ende fühlen Sie sich leer und erschöpft.

Wenn ein Gegenstand Sie immer wieder stört, weil er nicht richtig funktioniert, tauschen Sie ihn gegen etwas aus, das funktioniert. Dinge, die Sie aufregen oder umständlich sind, kosten jeden Tag viele kleine Zeiteinheiten und machen zudem keinen Spaß. Selbst wenn Ihnen etwas einfach nur nicht gefällt, entfernen Sie es. Vierhundert Mal im Jahr eine Sekunde lang Nichtgefallen zu spüren, sind vierhundert kleine negative Impulse pro Jahr, mit denen sich Ihr Verstand beschäftigen muss. Die er wieder in Ordnung bringen muss. Das kostet Zeit. Mehr als vierhundert Sekunden. Und wenn es mehrere solche Gegenstände gibt, potenziert sich das auch noch.

Sich vierhundert Mal über eine gute Sache zu freuen, kostet dagegen keine wertvolle Zeit, sondern liefert Ihnen lauter angenehme Momente.

Achten Sie in Ihrem eigenen Interesse auf das gute »Benutzererlebnis«. Gute Dinge sind nicht nur funktionell, sondern machen auch jedes Mal Spaß, wenn man sie verwendet.

## Soziale Medien

Natürlich, dieses Thema! Aber es ist einfach zunehmend wichtig. Also, ganz kurz: Soziale Medien können ein echter Albtraum werden, weil sie schlichtweg keinen Sinn (Gesundheitssäule 1) für Ihr Leben haben. Alles dort ist virtuell. Sie sitzen in Ihrem Sessel, surfen in sozialen Portalen herum, und in Wahrheit tut sich nichts.
Soziale Medien ganz wegzulassen, geht für Sie vielleicht nicht. Aber machen Sie sich bewusst, dass sie eigentlich ein Werkzeug für Begegnung mit anderen Menschen sein sollten. Soziale Medien sollten kein Ersatz für die echte Begegnung mit anderen Menschen sein. Es gibt inzwischen immer mehr wissenschaftliche Untersuchungen, die einen direkten Zusammenhang zwischen »verbrachter Zeit in sozialen Medien« und »Depression und Unglück« nachweisen.

### Apropos Zeit – wissen Sie, wie Facebook wirklich funktioniert?

Im November 2017 gab Sean Parker, Milliardär, Mitbegründer und ehemaliger Präsident von Facebook, ein überraschend offenes Interview. Auf einer öffentlichen Konferenz beschrieb er die wichtigste Frage, die er und seine Freunde sich bei der Gründung des sozialen Netzwerks zu beantworten hatten: »Wie bekommen wir so viel Zeit und bewusste Aufmerksamkeit von den Nutzern wie möglich?« In der Folge, so Parker, wurde ein psychologisch fundiertes

Konzept mit folgendem Ablauf entwickelt: »Wir binden die Nutzer über ihre Glücksgefühl-Reflexe an uns. Jedes Mal, wenn jemand ein Foto oder einen Beitrag positiv bewertet, muss das im Gehirn der betreffenden Person einen kleinen Dopamin-Kick auslösen.« So geraten die Menschen laut Parker in eine »soziale Wertschätzungs-Schleife, auf eine Art, wie es sich nur Hacker wie ich ausdenken können, weil eine psychologische Verletzlichkeit ausgenutzt wird«.

Die Erfinder der sozialen Netzwerke, darunter auch er selbst, hätten das von Anfang an verstanden. »Aber«, so Parker, »wir haben es trotzdem gemacht.«

»Als Facebook ins Laufen kam, gab es viele Leute, die auf mich zukamen und sagten: ›Ich bin nicht in den sozialen Medien‹«, erklärte Parker. »Dann sagte ich: ›Ok, aber du wirst es sein.‹ Dann antworteten sie: ›Nein, nein, nein, mir sind meine Interaktionen im wirklichen Leben wichtig. Ich schätze den Moment, ich schätze die Präsenz. Ich schätze persönliche Begegnung.‹ Und dann sagte ich: ›Früher oder später werden wir dich kriegen.‹«

Am Ende seines Geständnisses bedauerte Parker zutiefst, dieses Konzept in die Welt gebracht zu haben: »Nur Gott allein weiß, was es mit den Gehirnen unserer Kinder anstellen wird.«

☞☞☞

*Soziale Medien wollen zwei Dinge von Ihnen:*
*Ihre Zeit und Ihre Gefühle.*
*Also die kostbarsten Dinge Ihres Lebens.*

☞☞☞

Wenn Sie sich nicht davon befreien, die Glücksgefühle (Dopamin-Kick) von sehr kurzer Dauer und ohne tatsächlichen Grund haben zu wollen, hat das soziale Medium Ihr Unterbewusstsein eingesaugt. Die Folge ist nicht ein glückliches Leben, sondern der Absturz ins Unglücklichsein. Denn ständige Dopamin-Kicks taugen für ein glückliches Leben etwa so viel wie Drogen.

**So holen Sie sich Ihr Leben aus den sozialen Medien zurück**
Befreien Sie sich von konditionierten Glücksauslösern. Ohne große Umschweife, indem Sie per Entscheidung darauf verzichten. Jedes Posting kostet sinnlose Zeit. Jedes Warten auf Reaktionen kostet sinnlose Zeit und Gefühle. Ganz einfach gesagt: Wenn Ihnen diese Zeitverschwendung *nicht egal* ist, sollten Sie das unbedingt beenden. Andernfalls ist ein Teil von Ihnen bereits angezapft und hängt in der »sozialen Wertschätzungs-Schleife« fest. Ein vollkommener Verzicht wäre die 100 %-Lösung – nur als Vorlage, damit Sie Ihren ganz persönlichen Mittelweg im Umgang mit den sozialen Medien besser finden können.

## Vergessen Sie den Ratschlag, »einmal gar nichts zu tun«

Es gibt keinen Ratschlag, der alle Menschen gleichermaßen glücklich macht, aber viele Ratschläge, die viele Menschen unglücklich machen. »Einmal gar nichts zu tun«, ist so ein Wackelkandidat. Für viele klappt das einfach nicht. Wenn das Einmal-gar-nichts-Tun bei Ihnen nicht gelingt, sind Sie in bester Gesellschaft. Eigentlich ist das sogar ganz natürlich, denn unser Verstand ist nicht zum Nichtstun gebaut. In Wahrheit existiert Einmal-gar-nichts-Tun auch nicht, denn irgendetwas machen Sie immer, selbst wenn Sie nur rumliegen und atmen. Dann liegen Sie nämlich rum und atmen. Das ist ja etwas. Tun Sie also lieber Dinge, die Sie gerne machen oder schon lange tun wollten. Aber vielleicht bewusst, langsam und gemütlich. Das macht Sie glücklicher als der Selbstzwang, still zu sein, obwohl Sie das gar nicht wollen. Anstatt »einmal gar nichts zu tun«, geht es darum, »endlich einmal das Richtige für mich zu tun«.

## Lieben Sie Ziele

Ohne oder mit schwachen Zielen und Visionen (siehe ab Seite 145) füllt das Leben Ihr Zeitgefäß mit anderen Dingen, die gerade wichtiger erscheinen. Und davon gibt es ständig genug. Werden Sie sich über Ihre Ziele klar, ganz gleich wie groß oder klein sie sein mögen. Brechen Sie die Gedanken an Ihre Träume nicht ab, nur weil sie noch unerfüllt sind, sondern lieben Sie diese Träume und widmen Sie ihnen immer wieder Aufmerksamkeit und Zeit. Diese Ziele sind ein Teil von Ihnen selbst und ein Grund, warum Sie hier sind.

## Wichtig ist, was drin ist!

Das Leben ist tatsächlich wie eine Pralinenschachtel. Ihre Zeit vergeht nicht nur einfach. Sie vergeht mit einem *Inhalt*. Und eine Menge Leute in Ihrem Leben wollen mitbestimmen, welcher Inhalt sich in Ihrer Zeit befindet.
Aber es geht hier um Ihre unwiederbringlich rückwärts tickende Lebensuhr. Es sind Ihre Zellen, die altern, Ihre Knochen und Gelenke, die sich abnutzen, Ihr Gehirn, das sich verausgabt, Ihr Entspannungsfenster, das flöten geht, während Sie Ihre Zeit in fremde Absichten und Angelegenheiten investieren.

Also dürfen Sie auch ohne schlechtes Gewissen Ja oder Nein sagen oder mittendrin unterbrechen. Falls Ihnen das schwerfällt, denken Sie sich: »Wenn ich morgen einen Unfall hätte und nicht mehr da wäre, würden die das alles auch ohne mich schaffen.«

### Sinnlosen Verschleiß vermeiden

Sofern es um die Abnutzung Ihres Körpers und Ihres Geistes geht, sind Sie selbst die wichtigste Person auf diesem Planeten. Denn es gibt eine natürliche Grenze, ab der das Leben Sie bremsen wird. Vielleicht ist Ihr Knie oder Ihr Rücken am Ende kaputt, oder Ihre Nerven sind aufgebraucht, oder der Diabetes erwischt Sie. Dinge, die man nicht rückgängig machen kann, weil sie eine Art unsichtbare Grenze sind. Eine ganze Weile lang merkt man absolut nichts. Man denkt vielleicht sogar viele Jahre lang: »Das wird schon werden, ich bin stark, ich kann was leisten.« Dann wird es langsam mühseliger. Und dicht vor der unsichtbaren Verschleißgrenze geht es einem dann wirklich nicht mehr gut, und – zack – nach dem Grenzübertritt geht es einem nie wieder so gut wie davor.
Diese Grenze wird Sie ganz sicher erwischen, egal ob Sie das wollen oder nicht, weil Sie jeden von uns erwischt. Wir alle verschleißen. Unsere Möglichkeit liegt darin, diese echt blöde Grenze möglichst weit nach hinten zu verschieben. Und das machen wir, indem wir darüber bestimmen, mit welchem Inhalt wir unsere begrenzte wertvolle Lebenszeit füllen. Wenn uns etwas verschleißt und wir das ignorieren, ziehen wir die Grenze gerade zu uns heran. Das kann man durchaus mal bejahen, sofern sich der Verschleiß lohnt. Sinnloser Verschleiß jedoch wird im Altersrückblick schlechte Gefühle und Bedauern bereiten.

## Also, was mach ich jetzt? Wo Sie sich überall Ihre Zeit zurückholen können

- Vermeiden Sie Unterbrechungen durch Störungen. Jede Störung bei einer Arbeit bewirkt, dass Sie die Arbeit danach erneut beginnen. Zudem zerreißt es Ihren Gedankenfluss, und Sie müssen alles wieder zusammenbauen. Das macht Sie irgendwann halb wahnsinnig und kostet zudem mehr Kraft und Zeit, als konzentriert durchzumachen.
- Löschen Sie Mail-Verteiler, die Sie in Wahrheit nicht mehr interessieren. Jedes Hingucken kostet Zeit und Gedanken.
- Nutzen Sie gute Notizen-Apps, die Ihnen sinnloses Merken abnehmen, aber Wissen zusammentragen. Informationen zu bekommen, ist heute nicht das Problem. *Ihre* Informationen zu finden und sie zu *behalten,* ist das Problem. Sie lesen heute Morgen einen wertvollen Beitrag, aber Sie wissen am Nachmittag schon nicht mehr, wo das war. Dabei war der Text wertvoll. Und Sie finden ihn nicht so einfach wieder, weil Sie sogar die entscheidende Frage vergessen haben, mit der sie ihn suchen würden. So etwas macht Ihr Gehirn auf Dauer fertig, denn es muss am Ende frustriert aufgeben. Und vorher verschwendet es kostbare Zeit damit, sich wieder zu erinnern.
- Treten Sie aus Gruppen aus, in denen Sie nur noch sind, weil es früher mal eine gute Idee zu sein schien. Sowohl die Beschäftigung mit der Gruppe als auch Ihr schlechtes Gewissen fressen Ihnen kostbare Zeit weg, die Sie für etwas Neues einsetzen könnten.
- Optimieren Sie Abläufe, die sich oft wiederholen. Jeder Bäcker weiß, dass ein Handgriff weniger am Ende tau-

send Handgriffe weniger sind. Ob und wo Handlungsbedarf besteht, erkennen Sie an Ihrem Genervtheits-Gefühl. Wenn Sie schon wieder in den Keller müssen, um dort etwas zu holen, gehört der Gegenstand vielleicht nicht in den Keller. Wenn Sie schon wieder den Schlüssel suchen, hat er vielleicht keinen festen Platz.

- Falls Ihnen Zeit zu fehlen scheint, nutzen Sie Serviceleistungen für sich ständig wiederholende Dinge. Lassen Sie sich liefern, anstatt selbst zu besorgen. Lassen Sie sich zurückrufen, statt es selbst hundert Mal zu probieren. Außer natürlich es macht Ihnen gerade Spaß.
- Hören Sie auf, jene Leute mit Ihrer Zeit zu versorgen, die am Ende den Vorteil davon genießen, während Sie die Arbeit damit hatten. Das könnte eine Art Muster sein, bei dem Sie Leben verlieren. Wenn Sie Zeit einsetzen, sollte auch etwas Schönes oder Nützliches oder Sinnvolles für Sie selbst dabei herausspringen.
- Onlinedating: Wenn jemand echtes Interesse an Ihnen hat, will er Sie sehen, weil er Sie spüren und erleben will. Falls er das nicht will … nun ja, dann sind Sie vielleicht nur sein Zeitvertreib oder dienen als Beweis für eine Welt ständiger Möglichkeiten.
- Und überhaupt: Alle Hinhaltetaktiken fressen massiv Ihre Zeit und Kraft. Menschen, die Ziele haben und etwas voranbringen wollen, machen das nicht. Weil Sie nicht den Stau lieben, sondern die Fahrt. Wenn jemand will, findet er Wege. Wenn er nicht will, findet er Ausreden.
- Haben Sie den Mut, bewusst leere Zeitlücken zu erzeugen. Das mag manchmal bedrohlich wirken, doch nur wenn etwas Schlechtes verschwindet, entsteht Raum, um ihn mit etwas Gutem zu füllen.

## CHECKLISTE:

### *Zeit zurückholen*

- Ich habe den Wert meiner begrenzten Zeit für mein Lebensglück erkannt.
- Ich habe noch ein paar echt gute Dinge im Leben vor.
- Ich habe auch schon ein paar praktische Ideen für die guten Dinge im Kopf.
- Ich behalte meine Nutzung der sozialen Medien kritisch im Blick.
- Ich habe meine Zeitfresser erkannt und als Experiment einen davon ausgewählt, um ihn zu reduzieren.
- Ich habe »falsche Leute« und ungute Beziehungen auf meine Verabschiedungsliste gesetzt.

# Holen Sie sich die Macht über Ihr Glück zurück

*Macht über das Glück? Sind Sie etwa wahnsinnig geworden? Wie soll denn das gehen? Falls das möglich wäre, hätte es bestimmt schon einer aufgeschrieben. Also, was soll das bedeuten?*

Es gibt eine spezielle Sichtweise zum Thema Glück, die Ihnen helfen kann, in Ihrem Leben mehr davon zu bekommen. Diese Sichtweise zerlegt das Glück in zwei Arten und hilft Ihnen, jene Art zu reduzieren, die auf Dauer mehr Unglück als Glück verschafft.

## Die gute alte Glückslogik: »Los, such es dir!«

Starten wir mit dem, was jeder kennt. Üblicherweise wird gesagt: »Tue und denke mehr Dinge, die dich glücklich machen, dann wird unterm Strich auch deine Glückssumme höher.« Ein Schaumbad nehmen, Wellnesshotel, endlich mal was nur für sich selbst machen, toll essen, tanzen gehen und so weiter. Klingt alles logisch. Ist natürlich uralt, aber auch bewährt, weil es kurzfristig immer wieder funktioniert. Oft aber liegt man unglücklich im Schaumbad oder will gar keines nehmen. Oder man fühlt sich zu schlecht zum Ausgehen oder zum Tanzen. Die normalen Glücksempfehlungen helfen in bestimmten Situationen einfach nicht, und leider ist das ausgerechnet bei großen

Sinnfragen so. Als ließe sich das echte Unglück nicht einlullen oder bestechen, solange wir sein Thema nicht wirklich angehen. Die gute alte »Lass es dir einfach gut gehen«-Empfehlung klappt genau dann nicht, wenn es einem eben gerade nicht gut geht.
Richtig ist, dass wir Glücksmomente erleben, wenn wir bestimmte Dinge tun, und dass die Summe vieler Glücksmomente am Ende ein gutes Leben ausmacht. Was aber nicht stimmt, ist die Behauptung, dass alles gut wird, wenn man sich ganz einfach möglichst viel auf diese Glücksdinge ausrichtet. Denn die Quelle für das Unglücklichsein wird damit nicht beseitigt. Zusätzlich nutzen sich die Glückstipps auf Dauer ab. Ein Schaumbad ist gut. Zehn Schaumbäder nerven. Ein Wellness-Wochenende macht glücklich. Zwei Monate dort zu verbringen, nervt. Ein tolles Essen ist schön. Viele davon können irgendwann hohl oder sinnlos wirken.

## Das Problem mit der alten Glückslogik

*Los, hol's dir!* Die gute alte Logik tut so, als müsste man das Glück jagen, erlegen und dann am Spieß rösten wie ein Wildschwein. Falls man diese Idee nicht genau überprüft, rennt man vielleicht sein halbes Leben lang irgendwelchen Glücksschweinen hinterher, nur um sie endlich unter das Netz zu bekommen und dann festzustellen, dass die Zeit sie genau in demselben Moment zerfallen lässt, in dem man dabei ist, sie einzuwickeln. Falls Sie dann noch Leute sehen, die scheinbar alle Glückstipps befolgen und superglücklich beim Heli-Skiing in Kanada in die Kamera lächeln, haben Sie obendrauf den Stress, dass es bei Ihnen auch so sein sollte. Gar nichts sollte es! Sehen Sie es mal ganz anders …

### Der Weg aus der Falle

Es ist wirklich egal, wie andere sich ein glückliches Leben machen. Sie sind nicht andere. Sie brauchen keinen »So habe ich mein Glück gefunden«-Bericht in der Sowieso-Post. Sie sind wahrscheinlich auch keine sich entspannt herumräkelnde erfolgreiche Werbefrau auf einem Plakat. Oder kein jugendlich cooler supererfolgreicher Dressman-Vater, den nichts anderes interessiert, als seine Angora-umhüllten Arme lächelnd in hellblauen Luxusküchen um seine ebenfalls erfolgreich-glückliche Model-Frau zu schlingen. Wahrscheinlich sind Sie auch kein Profi-Blogger auf Weltreise und kein YouTuber in einer Millionenvilla, der den ganzen Tag lang tolle neue Dinge auspackt.

Nein! Das alles sind Schauspieler, die ihr Geld damit verdienen, Ihnen diese Idee von Glück vorzugaukeln und zu suggerieren. Sie und Ihr Leben sind einzigartig, und alles, was zählt, ist, wie Sie dieses Leben in Ihren persönlichen grünen Bereich bringen und dort halten. Das Glück der anderen ist ja ganz nett anzusehen, aber in Wahrheit ist es egal.

## Die neue bessere Glückslogik: Das Unglück loslassen

Was wäre, wenn Glück eine Art von Fluss wäre, der von der Natur so geplant ist, dass er *von selbst* durch uns hindurchfließen will? Dann wären zwei Dinge anders: Wir müssten erstens dem Glück nicht mehr hinterherrennen, weil es ja ohnehin durch uns fließen will. Und falls wir gerade kein Glück empfinden, ginge es zweitens darum, das Staubrett aus dem Fluss zu ziehen. Anders gesagt: Vielleicht strömt das Glück umso mehr durch uns hindurch, je mehr wir uns von einem Unglück entledigen. Das wäre auf jeden Fall einen Versuch wert. Entledigen wir uns als Erstes mal der falschen Glückskekse.

## Was ist ein Glückskeks?

Ein Glückskeks ist etwas, das in Ihrem Kopf *Ping!* macht und ein Glücksgefühl auslöst, welches aber nicht lang andauert, sondern oft sogar von einem schlechten Gefühl gefolgt ist.

Dieses Ding, das Sie nach dem Essen von Ihrem Lieblingsasiaten bekommen, beschreibt perfekt, wie so ein *Ping!*-Glück mit Unglück verknüpft sein kann. Eigentlich mag ein Teil von Ihnen den Glückskeks nicht wirklich. Ein anderer Teil macht ihn aber dennoch auf und sucht nach dem Zettel. Noch während Sie das tun, denken Sie: *Ich glaube an so etwas nicht. Was immer da drauf steht, ist nur ein albernes Spiel.* Sie knacken aber dennoch den Keks und ziehen den Zettel heraus. Ein wenig ärgern Sie sich vielleicht, dass der Keks mit seinem Geheimnis so eine Macht über Sie hat. Als würde er einen Reflex auslösen. Ein Teil von Ihnen hofft, dass der Spruch überhaupt nicht zutreffen wird, weil das beweisen würde, dass Sie recht haben, es blöd zu finden. Ein anderer Teil hofft, dass nichts wirklich Schlechtes draufsteht. Dann ist der Zettel ausgepackt, und Sie lesen den Spruch.

*Sie stehen vor einem großen Durchbruch. Ping!*

Wenn Ihr Gehirn das *gut findet*, bekommen Sie ein kurzes kleines Glücksgefühl. Dann noch ein paar Worte mit dem anderen austauschen, was wohl damit gemeint ist, und bald haben Sie alles wieder vergessen.

Das war der Glückskeks. Sie wollten ihn nicht, sie bezweifeln ihn, und dennoch holen Sie sich den Glücksmoment

ab. Aber auf dem Weg dorthin war auch Abwehr für den Fall, dass der Spruch blöd ist, und ein gewisser Ärger über sich selbst, dass Sie das mitmachen.
In unserem Leben gibt es einige Vorgänge, die mit unserem Belohnungszentrum im Gehirn etwas ganz Ähnliches machen wie ein Glückskeks.

- Gewonnen haben … *Blitzjubelglück*
- Nicht verloren haben … *Erleichterungsglück*
- Zumindest etwas Übleres verhindert haben … *Durchschnaufglück*
- Einen altbekannten Zustand bewahrt haben … *Sicherheitsglück*
- Eine Situation auf die Spitze getrieben haben und sie dann im letzten Moment doch noch gerettet haben … *Überlebt-haben-Glück*
- Etwas versucht haben, was man pflichtgemäß tun musste, und dann gescheitert sein und nun gute Gründe dafür haben, es nicht mehr versuchen zu müssen … *Gute-Ausreden-haben-Glück*

### Die Befreiung von der Jagd nach Glückskeksen

Glück ist das, was übrig bleibt, wenn wir alles Unglück entfernt haben. *Ping!*-Glücksgefühlen hinterherrennen zu müssen, ist Unglück. Darum ist es ein großer Gewinn, sich davon zu befreien. Glückskekse zu benutzen, ist nicht gleichbedeutend damit, Glück zu erleben. Glückskekse können das Leben sogar sehr unglücklich machen. Falls zu viele Glückskekse die Kontrolle über Ihr Gehirn bekommen haben, holen Sie sie sich zurück. Sammeln Sie alle Unglück bringenden Kekse ein, und werfen Sie sie am besten gleich in den Müll.

### Das Schmerz-lass-nach-Glück

Unser Körper enthält ein biologisches Programm, das uns belohnt, wenn wir einen Schmerz beseitigen. Ziehen Sie sich zum Beispiel einen lästigen Splitter aus dem Finger, so geht es Ihnen kurz danach nicht einfach nur neutral. Stattdessen spüren Sie Erleichterung und Glück. *Ping!* Kneifen Sie sich mal eine Zeit lang wirklich kräftig in den Oberschenkel und hören Sie nicht damit auf, wenn Sie aufhören wollen, sondern erst eine Weile danach. Anschließend werden Sie eine Entspannung erleben, die Sie zuvor nicht hatten. Sie haben sich selbst wehgetan, damit Sie anschließend ein Glück erleben konnten.

Dieser Mechanismus soll Lebewesen eigentlich dazu motivieren, schmerzhafte Zustände schnellstmöglich zu verbessern. Die Natur hat nie vorgesehen, dass wir uns selbst Schmerzen erschaffen, die wir anschließend wieder beseitigen, nur um uns das Belohnungsgefühl abzuholen.

### Das Entspannungs-Glücksplätzchen und warum manche Leute ständig Stress machen

Kennen Sie diese Typen, die bei schlechter Sicht auf der Landstraße mit Gegenverkehr überholen, obwohl vor ihnen zwanzig weitere Autos und zwei Lastwagen fahren? Trotzdem riskieren sie ihr Leben – für ein paar Wagenlangen Vorsprung. Und sie riskieren das Leben der anderen in der Kolonne ebenfalls. Welchen Grund kann so jemand haben?

Man sagt, es seien Aggressionen. Das kann ein Teil sein, aber mit dem Wissen um die Glücksplätzchen sind Sie besser im Bilde. Wenn so ein Fahrer sein Manöver hinbekommt, sorgt sein Gehirn dafür, dass sein Körper mit Glückshormonen durchflutet wird. Extremes Überholen erschafft eine körpereigene Droge. *Ping! Ping! Ping!* Darum machen diese Fahrer auch wie im Rausch weiter, obwohl klar ist, dass sie die ganze Kolonne gar nicht schaffen können oder am Ende sowieso alle zusammen vor der Ampel stehen.

Die Kamikaze-Überholer haben in diesen Momenten die Kontrolle über ihr Leben verloren, obwohl sie denken, sie hätten während ihrer Aktionen die meiste Kontrolle überhaupt. In Wahrheit hat die Glücksdroge sie im Griff, und alle Außenstehenden sehen das und schütteln den Kopf.

### Warum wir Probleme erzeugen, wo gar keine sind

Beim Kamikaze-Überholer ist es klar, der will seinen Trip, und jeder kann es sehen. Wenn Sie aber ein persönliches Projekt im Leben zu einem Erfolg bringen möchten, könnte so ein unsinniger Mechanismus schwerer zu erkennen sein. Hier ein paar Beispiele:

- **Kamikaze-Dates:** Man verabredet sich zwar zu einem Date, verhält sich aber so, dass der andere – falls er nur halbwegs Vernunft im Kopf und Gefühle im Körper hat – Abstand nehmen muss. Vorteil: Man ist wieder einen Moment lang glücklich, keinen Beziehungsstress am Hals zu haben. *Ping!* War halt nicht der Richtige.
- **Kamikaze-Ausreden:** Man tut etwas Wichtiges trotz aller Logik und Vernunft *nicht* und ist dann – *Ping!* – glücklich darüber, dass man sich Arbeit gespart hat. Nur ist es dann halt am Ende wieder nicht erledigt.
- **Kamikaze-Arbeit:** »Jaja, klar, hab ich gemacht.« Man erledigt eine eher ungeliebte Arbeit absichtlich etwas nachlässig und überlässt den letzten Teilerfolg »dem Schicksal«. Wenn es schiefgeht, hat das Schicksal dann angeblich

entschieden, und man darf alles lassen wie bisher. *Ping!* Glück im Unglück gehabt. War es aber nicht.

- **Kamikaze-Bewerbung:** Man bewirbt sich zwar, gibt sich aber nicht viel Mühe oder macht es auf den letzten Drücker. Und am Ende ist man glücklich, wenn die Absage kommt. Weil man dann nicht wieder da raus in den Stress muss.
- **Kamikaze-Probleme:** Man sucht ständig Probleme an sich selbst oder im eigenen Leben oder irgendwo sonst. Und trotzdem ist man irgendwie glücklich über die Probleme, weil man sich dadurch einem anderen Thema nicht stellen muss. *Ping!*

### So entkommen Sie den Selbstboykott-Aktionen

Etwas zu tun und gleichzeitig halbabsichtlich das Scheitern zu riskieren, ist sinnloser Verlust an Zeit und Lebensqualität. Zudem lernt das Unterbewusstsein leider ständig mit und könnte zu dem unglücklichen Schluss kommen, dass halbherziges Arbeiten trotz der unguten Ergebnisse generell auch Komfort plus Glücksgefühle bringt. Kurzfristig ist das vielleicht schön, aber das Leben läuft eine Weile, und die Folgen zeigen sich manchmal erst nach Jahren. Halbherzig eine Beziehung zu leben, geht zum Beispiel eine Zeit lang gut, aber irgendwann eben nicht mehr. Ganz und gar Ja zu sagen, ist vielleicht anstrengender, macht auf Dauer aber ein besseres Leben. Die Mühe lohnt sich also sehr.

Wenn Sie etwas »eigentlich nicht tun wollen«, suchen Sie nach den wahren Gründen, warum Sie es nicht wollen. Was steckt wirklich dahinter? Ein ganz bewusst entschiedener Verzicht ist für Ihr Lebensglück viel besser, als eine Sache ständig neu mit einem gewissen Widerwillen zu tun.

Durch Ihre klare Entscheidung holen Sie sich das Gefühl von Kontrolle zurück.
Wenn Sie einmal etwas nicht wollen, es aber getan werden muss, nehmen Sie sich dafür eine feste Zeit vor. Widmen Sie diese Zeit dieser Sache. »Hilft ja nichts, das muss jetzt halt sein.« Und dann machen Sie es richtig gut und bis zum Ende fertig. Dann kommt auch ein erlösendes Plätzchen.
Apropos Erlösung: Wenn man nicht weiß, was im Hintergrund geschieht, können diese verlockenden Erleichterungs-Glücksplätzchen sogar eine ganze Beziehung kontrollieren. Sehen Sie mal hier …

## Bis aufs Messer! Oder warum sich manche Paare immer wieder über dieselben Dinge streiten

Ständig und immer wieder ergebnislos zu streiten, ist doch völlig sinnlos. Es ist unlogisch, und keiner hat etwas davon. Oder?
In Beziehungen und Partnerschaften geschieht nichts ohne Grund und Sinn und nichts ohne eine eigene Logik. So auch beim scheinbar sinnlosen Streiten. Niemand streitet sich wirklich gerne mit einem Menschen, den er eigentlich mag oder liebt, weil das wehtut.
Wenn man also etwas ganz sicher nicht will und es dennoch immer wieder geschieht und man selbst dabei eine Rolle spielt, hat man die Kontrolle über diesen Bereich des Lebens verloren. Auch wenn das unangenehm klingt, ist das zunächst einmal die Wahrheit. Aber wer hat sie dann, die Kontrolle? Wenn nur zwei beteiligt sind, muss es ein unsichtbarer Teil in einem oder beiden sein. Nennen wir diesen Teil der Anschaulichkeit halber den Glücksplätzchen-Sucher.

**Wie das Versöhnungs-Glücksplätzchen Beziehungen kontrolliert**

Einen Streit oder eine Dissonanz aus der Welt zu schaffen, ist schön. Man kann entspannen, weil man das Gefühl hat, letztlich doch vom anderen angenommen zu sein. Versöhnung erzeugt also gute Gefühle. Das ist ein *Ping!*-Glücksplätzchen für unser Unterbewusstsein. Aber leider, leider ... Um sich versöhnen zu können, muss man zunächst einen Streit haben. Und der läuft nicht einfach vorbei, den muss man erschaffen. Also gut, dann los!

Auch wenn das klingt, als wäre es die Logik eines Verrückten, findet es das Unterbewusstsein mancher Paare in der Streitschleife dennoch sinnvoll.

**Die zweite irrsinnige Logik im Pärchenstreit**

*»Versöhnen macht glücklich!«* ist schon mal ganz schön motivierend, um eine gewisse Menge an notwendigem Unglück in Kauf zu nehmen. Aber es kommt noch ein zweiter irrsinniger Nutzen dazu: Wenn man sich mit seinem Partner bis an die Grenze allen Anstands streitet und der andere einen am Ende dennoch nicht aus seinem Leben verstößt, ...

... dann muss das Liebe sein!

*»Versöhnen ist Liebe!«* Das ist Irrtum Nummer zwei. Das Unterbewusstsein hat den Beweis für Liebe an einen Maßstab gekoppelt, der aus dem Erdulden von krassen Verhaltensweisen besteht.

**So befreien Sie sich aus dem Bann des Versöhnungs-Glücksplätzchens**

Stellen Sie sich folgende Frage und treffen Sie eine klare Entscheidung, ehe Sie wieder in die Arena gehen: *Gehört dieser Mensch grundsätzlich in mein Leben oder nicht?*

Beantworten Sie sich diese Frage nicht mit dem Kopf. Sondern mit dem Herzen. Kann schon sein, dass Ihr Partner oder Ihre Partnerin Fehler hat und Stress macht … Dennoch: Gehört er oder sie zu Ihnen? Wenn ein Gefühl sagt, dass der andere in Ihr Leben gehört, geben Sie ihm ein Ja. Denn es ist wahnsinnig, ständig gegen jemanden zu kämpfen, der zu einem gehört.
Verzichten Sie anschließend beide voll und ganz auf alle Arten von Gefühlen, die mit Versöhnung verbunden sind. Streichen Sie die tränenreichen Umarmungen aus Ihrer Welt. Löschen Sie in Ihrem Geist die ständigen Entschuldigungen und die Erleichterung, dass es dieses Mal ganz knapp war und dennoch nichts passiert ist. *Schon wieder die Titanic überlebt, was für ein Glück wir haben.* Streichen Sie jeden Wert, den Sie diesen erzwungenen Glücksgefühlen gegeben haben. So eine Art von Glück braucht kein Mensch, das ist kein wertvolles Leben.
Genau an diesem Punkt könnte ein Teil in Ihnen rufen: »Aber eine emotional langweilige Beziehung will ich auch nicht.« Das wäre dann Nummer drei.

### Die dritte irrsinnige Logik im Pärchenstreit

*»Unsere Beziehung muss emotional lebendig sein, sonst ist sie tot!«*
Streit fühlt sich also lebendig und Versöhnung fühlt sich begehrenswert an. Sollten Sie jemals ein leidvolles Streitmuster aus Ihrem Leben verbannen wollen, werden Sie nicht darum herumkommen, auf diese spezielle Art von Lebendigkeits-Glücksplätzchen zu verzichten. Denn Sie können nicht etwas wollen (Gefühle durch Zoff), was Sie gleichzeitig angeblich nicht wollen (sich zoffen). Das ist ein Widerspruch in sich.

Lebendigkeit kann auch durch ganz andere Dinge ins Leben eingebaut werden. Gehen Sie lieber zusammen Fallschirm- oder Bungeespringen, dann haben Sie einen Superstress, sind jedes Mal froh, es zu überleben, und müssen sich dafür kein bisschen streiten.

## Das Vergebungs-Glücksplätzchen oder wie Sie einem Albtraum entkommen

Stellen Sie sich vor, Sie haben ein ungelöstes Thema mit einem Menschen, der Ihnen etwas angetan hat. Ihr Verstand sucht nun nach einer Auflösung der Geschichte, damit es in Ihrem Kopf und Ihren Gefühlen wieder ruhig werden kann. Falls der andere Ihnen dabei nicht hilft, müssen Sie es selbst hinbekommen. Und wie werden wir ungute Taten in unserem Kopf los? Durch »Vergeben«. Vergeben bedeutet, das Geschehene endlich loszulassen, damit es aus dem Kopf herausfallen kann und das Leben leichter weitergeht.
Was aber, wenn Sie es nicht schaffen? Wenn etwas so schlimm war, dass Sie es nicht vergeben können? Die innere Quälerei geht dann weiter. Manchmal kommt dann als Ratschlag: »Du musst wirklich endlich lernen, das zu vergeben, sonst machst du dich kaputt.« Klingt ja ganz logisch. Stimmt aber nicht. Prüfen wir, was diese Behauptung in Ihrem Kopf auslöst:

1) Nicht vergeben zu können, macht unglücklich.
2) Vergeben macht glücklich.
3) Darum muss ich vergeben, um glücklich zu werden.
4) Ich schaffe es aber nicht, und das macht mich noch unglücklicher.

Wahr sind die Sätze eins und zwei. Falsch ist die Folgerung »Ich muss vergeben«. Gar nichts müssen Sie. Wie soll denn das gehen, wenn es nicht geht? Es gibt einfach Dinge, die kann oder will man nicht vergeben. Es war oder es ist ein so großer Mist, dass der andere seinen eigenen Weg finden muss, damit umzugehen. Ihre Vergebung bekommt er nicht.

### Zum Glück nicht vergeben müssen

Wenn etwas Schlimmes vorgefallen ist, denkt man manchmal: *Jetzt soll ich auch noch lernen, das alles zu entschuldigen, und am besten soll ich den anderen auch noch dafür lieben, was er gemacht hat. Das kann ich einfach nicht.* Vollkommen in Ordnung. Müssen Sie auch nicht. Sie können nichts spielen, was nicht da ist. Ihre einzige Aufgabe ist es, IHREN inneren Frieden zu finden. Sie haben keine Pflicht, dem anderen zu helfen, in seinen inneren Frieden zu kommen. Manche Dinge muss jeder mit seiner Seele selbst ausmachen.

*Ich würde gerne vergeben, aber ich kann nicht. Aber ich kann meinen eigenen Frieden mit der Situation finden.*

Wäre das besser? Damit holen Sie sich ein Stück von Ihrem Lebensglück zurück und sind nicht auf die Reaktionen des anderen angewiesen.

## Das Lob-Glücksplätzchen oder wie Sie endlich dauerhafte und echte Anerkennung bekommen

Lob tut gut. Sagt man. Es sei wie ein Stück Liebe, wie Balsam für die Seele. Eigentlich will es fast jeder. Doch es gibt Menschen, die misstrauisch auf jede Art von Lob reagieren, obwohl sie sich in Wahrheit nach Anerkennung sehnen. Und es gibt andere, die mit Blicken und Worten nach Lob fischen wie ein Schleppnetz-Kutter nach Krabben. Wieder andere haben mit Lob schöne und schlechte Erfahrungen gemacht. Warum ist das mit dem Lob so absurd? Weil echtes Lob zwar ein Stück Glück bedeutet, aber gleichzeitig abhängig von dem »Lobenden« macht. Wenn er es nicht hergibt, bekommt man es nicht. Das fühlt sich nicht gut an.

### Gut gemacht. Echt?

Die Anerkennung von anderen Menschen ist eine wirklich instabile Sache, darauf können Sie nicht immer vertrauen. Heute lobt Sie jemand, und Sie denken: *Was war denn das, wegen so einer Kleinigkeit?* Und morgen lobt er sie nicht, obwohl Sie etwas echt Wichtiges gut erledigt haben. Die ganze Loberei hat oft nicht einmal etwas mit Ihnen zu tun. Heute lobt er Sie, weil es ihm selbst gerade gut geht und er will, dass andere mitjubeln. Morgen ist er mies gelaunt und will, dass die Stimmung der anderen dazu passt. Heute verteilt er seine Glücksplätzchen, und morgen sammelt er sie wieder ein.

Wenn Sie auf Anerkennung von anderen setzen, sitzen Sie am Roulette-Tisch. Ihr Glück liegt dann in den Händen, Launen und Befindlichkeiten dieser Menschen.

### So bekommen Sie endlich echte Anerkennung

Der wichtigste Schritt lautet: Geben Sie sich selbst immer wieder Lob. Ihre Gehirnautobahnen werden das lernen und immer breiter und stabiler werden. Sprechen Sie innerlich zu sich selbst und sagen Sie sich, was Sie gut gemacht haben. »Das hab ich wirklich gut gemacht. Toll!« Formulieren Sie es so, wie Sie es in echt von jemandem hören

wollen würden. Ihr Gehirn merkt sich das genauso gut wie von Dritten.
Sie selbst sind die einzige wirkliche Konstante in Ihrem Leben. Nachdem Sie das Lob für Ihre Leistungen in sich selbst gefunden haben, können Sie sich anschließend in Ruhe anhören, was ein anderer zu sagen hat. Falls er Sie dann lobt, ist es nett, falls nicht, macht es auch nichts. Ihre Wirkung auf andere wird sich deutlich verändern, wenn Sie trainieren, sich selbst zu loben.

☞ ☞ ☞

*»Ich akzeptiere Lob oder Tadel von anderen nicht als relevant für meine Gefühle!«*

☞ ☞ ☞

**Noch eine neue Gehirnautobahn: »Kritik ist cool«**

Eine Kritik kann ein Schock sein, der lange sitzt. Das kostet enorm viel Kraft und Lebensglück. Üben Sie eine neue Sichtweise: Ihr Gehirn muss lernen, Kritik nicht schockartig mit einer kleinen Katastrophe zu verknüpfen.
Werfen Sie als Erstes das dumme Wort über Bord. Es gibt in Ihrer Welt künftig keine »Kritik« mehr. Es gibt nur noch »Meinungen«. Meinungen sind, wie wir wissen, nicht die Wahrheit, sondern nur eine Idee darüber, was wahr sein könnte. Zudem kommt eine Meinung möglicherweise von jemandem, der gar keine Ahnung hat und es selbst nicht besser kann. Vielleicht will er Sie einfach nur damit treffen. Aber das macht Ihnen künftig gar nichts mehr aus, denn Sie kennen keine Kritik an Ihrer Person mehr. »Coole Meinung. So kann ein Gehirn also auch denken. Lustig.«

## Auf den Punkt gebracht: So holen Sie sich die Kontrolle über Ihr Glück zurück

**Durchschauen Sie, was Sie als »Entspannung« erleben**
Manches davon ist prima, aber manches könnte die Folge eines zuvor selbst erschaffenen Problems sein. Suchen Sie nach dem Schmerz-lass-nach-Glück. Werfen Sie es in die Tonne, und holen Sie sich Ihr Glück auf positive Weise.

**Lernen Sie, wie gut es sich anfühlt, NEIN zu sagen**
Hundertmal Nein zu auftauchenden Möglichkeiten zu sagen, kann zu einem besseren Leben führen, als zu jedem Glücksplätzchen Ja zu sagen. Ein Nein zu einer kurzfristigen Verlockung bringt Ihnen Kontrolle zurück, und das fühlt sich toll an.

**Geben Sie fremden Glücksplätzchen immer seltener nach**
Fremde Glücksplätzchen lenken Sie von den wesentlichen Dingen Ihres Lebens ab und fühlen sich zudem nach häufigem Gebrauch mies an. Erinnern Sie sich daran, und ersetzen Sie diese Handlungen immer mehr durch solche, die für Sie selbst eine Bedeutung haben. Erschaffen Sie Ihre Glücksplätzchen also selbst, und zwar so:

**Selbst erschaffene Glücksplätzchen**
Setzen Sie sich Miniziele oder Mikroziele. Erreichen Sie diese, und freuen Sie sich darüber. Selbst wenn Sie nur die Henkel der Tassen in Ihrem Schrank ausrichten, empfindet ein Teil von Ihnen ein Glücksgefühl über das Ergebnis. Diesen Teil brauchen Sie, weil es der Teil ist, der auch eine größere Sache beschließt, durchführt und sich selbst damit belohnt. Dieser Teil bedeutet: Kontrolle über mein Glück.

## CHECKLISTE:
## *Glück zurückholen*

- Ich habe die Jagd nach schnell wirkenden Glücksplätzchen beendet.
- Ich habe zwei oder drei schöne Möglichkeiten, wie ich Glück durch Erfolgserlebnisse jederzeit selbst erschaffen kann.
- Lob entspringt immer zuerst meinem eigenen Kopf, und erst dann sind andere interessant.
- Ich habe die Idee abgeschafft, dass schlechte Situationen angeblich auch ein Gutes haben, weil man dann immerhin über einen glimpflichen Ausgang glücklich sein kann.

# Holen Sie sich Ihre eigene Kraft von den anderen zurück

*Andere sollen meine Kraft haben? Das ist doch schon rein praktisch unmöglich.*

**Machen Sie nie Dinge für andere?**

*Klar, aber das ist doch normal.*

**Und haben Sie noch nie zu viel für andere getan? Zu viel gegeben, zu viel investiert? Und wenig dafür zurückbekommen, sodass Ihr gefühltes Konto im Minus ist?**

*Doch, das kenne ich. Ich bin immer wieder der gutmütige Depp, der alles dafür tut, damit es anderen gut geht. Am Ende bekomme ich oft nicht mal echte Dankbarkeit und manchmal sogar Vorwürfe. Ich wäre echt froh, wenn sich das ändern würde.*

Helfen ist prima. Sich dabei aufzuopfern nicht. Das weiß doch jeder, also warum darüber reden? Weil es zwar (fast) jeder weiß, aber dennoch (fast) jeder immer wieder in die Falle tappen kann. Dummerweise ist »Wie ich vom Helfen ins Aufopfern rutschte« eine Serie, die sich über viele Episoden langsam, aber stetig entwickelt. Es beginnt damit, dass es jemand anscheinend nicht gut geht und ein anderer hilft. Und ganz allmählich entsteht eine spezielle Beziehung zwischen beiden. Die Serie kann also eine Menge von Ihrer Lebenszeit verbrauchen, ehe Sie merken, was da wirklich geschieht. Es wäre also schon irgendwie gut, wenn man diese Falle umgehen könnte.

## Das Aufopferungs-Dilemma

Am Anfang wissen Sie noch nicht, ob Sie sich am Ende (sinnlos) aufopfern werden. Das ist das Problem. Jemand scheint echt in Not zu sein, und Sie helfen einfach nur. Am Anfang sieht es danach aus, als könnten Sie etwas beitragen, um seine Sache wirklich in Ordnung zu bringen. Es wirkt so, als würden Ihre Bemühungen begrüßt werden und auf fruchtbaren Boden fallen. Am Anfang ist es einfach Hilfe, und es scheint Fortschritte in der Angelegenheit zu geben.

### Klingt logisch, ist aber nicht gut

Der Kern des Aufopferungs-Dilemmas ist, dass Sie helfen möchten, aber die Zukunft nicht sehen können. Sie wissen nicht, ob Ihre Hilfe missbraucht oder wirklich gebraucht wird. Sie können oft nur raten, ob Ihre Form von Hilfe auf Dauer gesehen »gut« ist.

Nun könnten Sie sagen: Ich helfe einfach niemandem mehr, dann opfere ich mich auch nicht auf. Doch so einfach ist das nicht, denn wenn es wirklich drauf ankommt, sind Sie ein hilfsbereiter Mensch. Alles in Ihnen möchte gerne helfen, wenn eine Not Sie berührt. Einfach wegzugucken, wäre gegen Ihre Natur, und Sie würden sich dabei schlecht fühlen.

Also sieht es offenbar so aus: Entweder Sie helfen und riskieren, sich am Ende schlecht zu fühlen, oder Sie helfen nicht und fühlen sich jetzt gleich schon schlecht. So etwas nennt man ein Dilemma, und ein Dilemma zu haben, kostet sinnlose Lebenskraft. So ein Mist, oder? Um das Dilemma zu lösen, sehen wir uns kurz an, was beim Helfen in Ihnen und beim anderen passiert.

## Im Rausch des Helfens

Praktisch alles, was wir in Beziehungen zu anderen Menschen tun, löst nicht nur im anderen, sondern auch in uns selbst Gefühle aus. So auch beim Helfen. Wenn Sie jemandem helfen, ist das nicht nur eine großherzige, mitmenschliche und vielleicht ethisch hochstehende Tat. Wenn Sie jemandem helfen und er Ihnen dafür dankbar ist, erzeugt das in Ihnen ein gewisses Glücksgefühl. Das Helfen bereichert also auch Sie.

Manche denken jetzt vielleicht: Nein, ich bin da ganz neutral, ich tue es einfach nur, weil es richtig ist. Aber selbst wenn Sie nur denken »Gut, da konnte ich helfen«, ist dieser Gedanke ein »schöner« Gedanke, der Sie in einen schönen Zustand versetzt. Schöner als zuvor.

So weit, so gut. Da ist nichts gegen einzuwenden.

Manches Dilemma nimmt etwas Anlauf. Nehmen wir an, jemand hilft Ihnen über längere Zeit hinweg. Klingt erst einmal nett. Wenn Ihr Helfer seinen schönen Zustand öfter haben will und Sie ihm dafür zur Verfügung stehen, so kann das Glücksgefühl beim Helfen für ihn unbemerkt zur Sucht werden. »Ich hab das alles schon für dich erledigt!« Ehe Sie überhaupt darum gebeten haben. Wenn Sie das nicht regulieren, hilft der andere immer mehr und mehr, ungefragt und zu unpassenden Zeiten und mit Stress und Druck …

So lange, bis Sie es nicht mehr ertragen können. Weil der Helfer über Ihr Leben bestimmt oder weil er Ihre Aufgabe, Ihre Position und Ihre Lernmöglichkeit im Beruf damit angreift. Der Helfer hilft dann in Wahrheit aus purem Eigennutz. Er erntet das Lob, er macht die Lernerfahrungen, und er kontrolliert das Geschehen. Das nimmt Ihnen Ihr Leben weg.

## Die Helfer-Identität und wie sie entsteht

Kennen Sie diese überfürsorglichen Eltern, die ihren Kindern noch immer Ansagen zum Leben machen, obwohl diese »Kinder« schon lange selbst Familien haben? Würden Sie so einer Mutter die Möglichkeit untersagen, könnten Sie richtig Ärger bekommen.
Warum ist das so? Weil die Mutter voll und ganz die Identität der Helferin angenommen hat (was bei kleinen Kindern ja gut ist) und diese Rolle niemals wieder abgelegt hat (was bei großen Kindern schlecht ist). Wenn die großen Kinder nun darauf hinweisen, erschüttern sie die Identität der Mutter in ihren Grundfesten. Aus Sicht der Mutter ist es, als würde man ihre Persönlichkeit zerstören wollen. Darum versucht sie um jeden Preis, sich weiterhin einzumischen. Sie will die Kontrolle nicht aufgeben, weil sie sonst nicht mehr weiß, wer sie ist.

### Wer hat hier die Kontrolle über Ihr Leben?

Kontrolle über Ihr Leben können Sie nur einmal vergeben. Entweder Sie selbst haben sie, oder jemand anders hat sie. Dann lieber sie selbst. Am besten zu 100 %. Das bedeutet in der Folge, dass jemand anders seinen bisherigen Teil komplett zurückgeben muss. Klingt bedauerlich für ihn. Ist es aber nicht.
Sie schaden keinem anderen Menschen, wenn Sie ihm die Kontrolle über Ihr Leben entziehen. Sie gehört ihm ja nicht. Insofern nehmen Sie ihm nur Ihren Rucksack ab und tragen ihn künftig selbst. Eigentlich könnte jeder froh darüber sein. Dennoch ernten Sie oft deutlichen Widerstand, wenn Sie nach einer Weile des Hilfeannehmens wieder selbstständig werden möchten. Hier drei Gründe dafür,

warum jemand auf Sie sauer werden kann, wenn Sie Ihre Verantwortung zu sich selbst zurückholen:

**Helfen erzeugt Glücksgefühle**

Und diese nehmen Sie dem Helfer aus seiner Sicht weg. Das muss er erst mal verarbeiten.

*Ach, das musst du doch nicht selbst tun. Ich besorge das für dich.*

Ich will das aber selbst besorgen.

*Ist aber wirklich kein Problem für mich, echt. Ich fahr da sowieso vorbei.*

Sag mal, willst du vielleicht an meiner Stelle ein Shopping-Erlebnis haben?

*Nein, wieso? Ich wollte dir nur helfen.*

**Helfen gibt dem Leben einen Sinn**

Diesen Sinn nehmen Sie Ihrem Helfer ebenfalls weg, wenn Sie selbstständig leben möchten.

*Kind, lass mich wenigstens deine Blumen gießen.*

Mama, die sind bei mir alle künstlich.

*Dann lass mich dir ein paar echte Blumen schenken.*

Ich will keine echten, die muss ich nur gießen.

*Natürlich, aber dafür hast du ja deine Mutter. Dafür bin ich doch da.*

**Helfen erschafft eine Beziehung, die wie Ersatzliebe wirken kann**

Eindeutig beenden Sie eine Beziehungsebene, wenn Sie eine Hilfe ablehnen. Das macht manchen Menschen zu schaffen, weil es wie ein Liebesentzug wirkt.

*Vielen Dank für alles, ab jetzt schaffe ich es wieder allein.*
Wirklich? Ich mache das gerne.
*Das weiß ich. Aber ich kann es jetzt wieder selbst.*
Wenn du meinst. Sehen wir uns trotzdem nächste Woche?

## Holen Sie sich Ihre Kraft aus der Hilfsbereitschaft zurück

Die Helferei ist kein so ganz einfaches Thema. Aber für unser Leben brauchen wir möglichst einfache Richtlinien, sonst verwickeln wir uns rettungslos im Wenn und Aber. Falls Sie nicht genau wissen, was nun für Sie »richtig und gut« ist, drehen Sie einfach den Spieß um und beenden Sie alles, was eindeutig »nicht richtig und gut« für Sie ist.
Wo sind Sie ein Helfer, der nur ausgenutzt wird?

### Beenden Sie die Komfort-Hilfsbereitschaft

Testen Sie, wie der andere reagiert, wenn Sie übernommene Aufgaben an ihn zurückübertragen. Verzichtet er darauf, sie selbst zu erledigen? »Okay, wenn du es so willst, ich brauche es ohnehin nicht mehr.« Warum hat er das nicht schon von selbst gesagt und sie weiter zappeln lassen? Wahrscheinlich weil es nur ein Spiel war mit dem Ziel, Sie komfortabel an seinem Helferhaken zu behalten.

### Beenden Sie die Spender-Hilfsbereitschaft

Geht es Ihnen nach dem Helfen schlechter, sind Sie müder oder fühlen sich irgendwie schwächer? Dann läuft ebenfalls ein Muster ab mit dem Ziel, Energie von Ihnen abzusaugen und sie auf den »Hilfsbedürftigen« zu übertragen. Wie ein Blutspender spenden Sie Energie. Wer sich von Ihrer Hilfe ernährt, braucht nicht noch mehr davon, sondern Unterstützung, um von dieser Abhängigkeit frei zu werden.

### Beenden Sie die Sucht-Hilfsbereitschaft

Jeder Helfer hat immer auch einen persönlichen Vorteil von seiner Arbeit. Vielleicht ist er dann weniger allein. Oder er hat das Gefühl, gebraucht zu werden oder begehrenswert zu sein. Oder das Gefühl, ein guter Mensch zu sein.

Diese Motive können zu einer Sucht werden, die den Helfer gefangen nimmt. Irgendwann kann er nicht mehr aufhören, weil es ihm richtig schlecht ginge, wenn er seine Tätigkeit reduzieren würde. Wie jemand, der auf Entzug geht, versucht alles in ihm, die alte Sache weiterzumachen, obwohl er weiß, dass es nicht gut für ihn ist.

### Aktivieren Sie den »gnadenlosen« Selbsthilfe-Helfer

Es geht beim Helfen immer darum, jemanden in seine noch mögliche eigene Kraft zu bringen. Wenn es nicht darauf hinausläuft, stimmt an der Helferei etwas nicht. Trauen Sie dem anderen zu, seine eigenen Dinge wieder selbst zu schaffen. Hören Sie damit auf, Rettungs-Helikopter oder Stützräder zu spielen oder jemanden bei Grün über die Straße zu tragen. Das tut ihm nur scheinbar gut, in Wahrheit macht es ihn immer schwächer und hilft ihm also gar nicht wirklich.

☞ ☞ ☞

*Wenn Sie es nicht mehr machen, ist es dennoch irgendwann gemacht.*
*Wenn Sie herausfinden, wie das sein kann, wissen Sie, was in Wahrheit Ihre alte Rolle war.*

☞ ☞ ☞

## Die Befreiung aus der Babyrolle

Sich selbst aufzuopfern und das irgendwann zu bemerken, ist schon unangenehm genug. Wenn aber ein anderer Sie als Zögling oder Kleinkind auserkoren hat und Ihnen Stück für Stück Ihr Leben aus der Hand nehmen will, ist das fast noch schlimmer. Zu Beginn scheint die vorauseilende Unterstützung freundlich zu sein, doch nach einer Weile löst es Unbehagen aus und macht Sie wütend.

### Lösen Sie sich von ungewollten Helfern

- Selten meint jemand sein Hilfsangebot böse, also halten Sie sich das zuerst vor Augen, falls Sie gerade innere Abwehr spüren.
- »Kein Problem, ich bring das für dich in Ordnung.« Hüten Sie sich davor, derartige Unterstützung auf Dauer einfach so geschehen zu lassen, das geht selten lange gut. Denn in Wahrheit nimmt Ihnen der souveräne Helfer gerade Ihr Leben aus der Hand und fühlt sich dabei auch noch gut.
- Zudem wird der Helfer seine Arbeit innerlich mitnotieren und irgendwann die Schuld von Ihnen einfordern, weil er ein gefühltes Recht auf einen Ausgleich erworben hat. »Ich habe so viel für dich getan. Eine Hand wäscht die andere. Und nun …«
- Vereinbaren Sie von Anfang an Beginn und Grenze für die Hilfe.
- Vereinbaren Sie – zumindest ungefähr –, wie Sie die empfangene Unterstützung später wiedergutmachen können.
- Vereinbaren Sie, dass Sie die Hilfe zunächst einmal nur begrenzt ausprobieren und jeder von beiden jederzeit Stopp sagen kann, ohne dass es der andere übelnimmt.

- Wenn es Sie letztlich nicht selbstständiger und freier macht, ist es keine wirkliche Hilfe. Besprechen Sie das.

## So beenden Sie den Aufopferungs-Kreislauf und holen sich Ihr Leben zurück

- Aufopfern beginnt, wenn Sie mehr geben, als Sie zurückbekommen. Dann verbrauchen Sie Ihr Lebenskonto. Vielleicht zunächst nur in kleinen Häppchen, aber das Leben hat viel Zeit, und auf Dauer höhlen viele kleine Tropfen einen Stein dennoch aus.

- Wenn Sie gut gemeint helfen, achten Sie immer darauf, dass die drei Säulen für einen gesunden und glücklichen Verstand unangetastet bleiben: Der andere muss seinen persönlichen Sinn, das Gefühl der Kontrolle über seine Welt und die Verstehbarkeit seiner persönlichen Welt behalten.

- Fragen Sie immer, ob der andere das, was Sie vorhaben, auch wirklich will. Sonst könnte er Ihnen am Ende um die Ohren hauen, er hätte ja nie darum gebeten.

- Seien Sie eher sparsam mit gut gemeinten Überraschungen. Sie erzeugen zwar die Überraschung, aber es entsteht auch eine Verpflichtung für Dank, die den anderen letztlich nerven kann.

- Weihnachten, Ostern, Muttertag, Valentinstag, Geburtstag, Namenstag, runder xy-Tag … Und immer müssen Sie etwas abliefern und sich für etwas Abgeliefertes bedanken. Was für eine Arbeit ohne Aussicht darauf, jemals zu enden. Vielleicht stellen Sie eines Tages die ganze gegenseitige Anlässe-Schenkerei ein und machen ein Geschenk nur noch als Ausnahme, wenn es in einem bestimmten Moment gerade besonders gut passt.

- Suchen Sie sich weitere oder gar bessere Quellen für gute Gefühle als nur das Helfen. Idealerweise Quellen, die keine anderen Menschen brauchen, denn dann sind Sie selbst frei. Dann kann die Überfürsorge als Lebensinhalt nicht so leicht das Ruder übernehmen.

## Dem anderen seine Kraft zurückgeben

Ein buddhistischer Mönch und ein kleines Mädchen gingen im Wald spazieren. Sie blieben vor einem Baum stehen, und das Mädchen fragte:
»Lieber Mönch, sage mir, welche Farbe hat dieser Baum?«
Der Mönch fragte zurück: »Welche Farbe siehst du?«
»Grün«, sagte das Mädchen.
Und der Mönch antwortete: »Er hat genau die Farbe, die du siehst.«

## CHECKLISTE:
## *Frei von der Aufopferungsfalle?*

- Meine Hilfe dient immer auch dem Ziel, dass meine Hilfe überflüssig wird.
- Ich bin beim Helfen emotional unabhängig. Ich brauche keinen übermäßigen Dank. Ein »Prima, danke« genügt völlig, und dann ist es erledigt.
- Mir sind Bestätigungsgefühle wirklich egal. Ich helfe auch dann, wenn ich am Ende nicht als toll dastehe oder keiner davon erfährt.
- Meine Freiwilligkeit beim Helfen ist gesichert. Ich kann jederzeit auch zurückschalten, ohne mit dem anderen Ärger zu bekommen oder die Beziehung zu gefährden.
- Mein inneres Konto ist immer auf null. Bei mir braucht nicht eine Hand die andere zu waschen, weil die Schulden sonst nie aufhören.
- Ich biete meine Hilfe an und stelle es dem anderen dann frei, ob er sich meldet oder nicht.
- Ich habe Abwarten und Teetrinken eingeplant. Ich denke nicht ständig über weitere Möglichkeiten nach, wie ich einer Person »noch mehr helfen« könnte.

# Holen Sie sich Ihre guten Gründe zurück

*Meine Gründe zurückholen? Verstehe ich nicht. Ich habe doch immer meine Gründe.*

**Noch nie nachgegeben, weil der andere bessere Argumente hatte?**

*Ja, schon, aber was soll man denn dagegen machen?*

**Trotzdem das Eigene zum Beispiel.**

*Obwohl der andere recht hat? Wieso denn das?*

**Vielleicht, weil es sich ganz einfach gut oder richtig anfühlt und mehr Spaß macht?**

*Okay, da ist etwas dran.*

In Ihnen gibt es etwas, das man »Schöpferkraft« oder »Kreativität« nennt. Gemeint ist die Kraft, etwas zu erschaffen. Der Beginn dieser Kraft liegt in Ihrer Fantasie, Ihren Wünschen, Ihren geheimen Hoffnungen und Vorstellungen. Am Ende dieser Kraft finden Sie eines Tages eine Familie, ein Haus, einen Beruf, einen ganz bestimmten Partner, eine Anschaffung, eine erworbene Fähigkeit, ein Kunstwerk, materielle Werte oder ein ganzes Lebensmodell.

Auch Ihr jetziges Leben begann irgendwann einmal in Ihren Gedanken. Manche dieser Vorstellungen, Wünsche und Ideen trugen Früchte, und das Ergebnis ist ganz ähnlich, wie Sie es sich früher einmal erhofften. Andere hängen noch spürbar in der Pipeline, und Sie denken immer wieder daran. Um diese noch nicht eingetretenen Träume und das, was sie bislang verhinderte, geht es jetzt.

## Was ist eine Sehnsucht?

Sehnsucht ist eine der stärksten Kräfte in Ihrem Leben. Während die Liebe Sie mit etwas verbindet, das Sie bereits gefunden haben, verbindet die Sehnsucht Sie mit etwas, das Sie noch finden sollen. Damit Sie es anschließend lieben können. Sehnsucht ist der Wegweiser Ihres Lebens zur Liebe.

In der Phase der Sehnsucht haben Sie noch nichts Konkretes. Außer eben der Idee, was Sie sich ersehnen. Sie haben keine besonderen Gründe, keine Argumente, keinen Plan und auch keinen Plan B. Sie wissen nicht, wann und ob es klappen wird und was Sie alles dafür tun müssen. Sie haben keine besonderen Argumente oder Gründe. Alles, was Sie haben, ist Ihre Sehnsucht. Das klingt vielleicht nach wenig, und doch ist es unglaublich wertvoll. Denn Sehnsucht ist der wichtigste aller Gründe in Ihrem Leben.

### Wie Ihre Lebenskraft verteilt wird

Tun wir kurz so, als wäre Ihre Lebenskraft eine Batterie mit 100 % Energie. In Ihrem Alltag gibt es hundert Dinge, die von dieser Batterie leben. Selbst wenn Sie keine großartigen Projekte zu hebeln haben, wird sich das Leben wie von selbst das meiste dieser 100 % abholen: Essen will gekauft werden, Wohnungen wollen geputzt werden, Eltern wollen besucht werden, Kinder wollen versorgt werden, Freunde wollen angerufen werden, Krankheiten wollen kuriert werden, Geld will verdient werden, Beziehungen wollen geschlossen, repariert oder beendet werden und so weiter. Menschen und Ereignisse saugen Ihnen Ihre Aufmerksamkeit und Kraft wie von selbst ab. Sie können Ihre 100 % also ohne Probleme ins Leben hineinverteilen,

ohne dabei eine einzige für Sie selbst wirklich wichtige Sache gemacht zu haben.
Für eine Weile geht das auch, aber eines Tages kommt sie dann doch: die Midlife-Crisis. Oder einfach nur die Frage: *Sag mal, was mach ich hier eigentlich die ganze Zeit und für wen?*

### Sehnsucht versus Gründe: Wer gewinnt und warum?

Die Welt um Sie herum hat also immer genügend Gründe und Methoden, Ihnen Lebenskraft abzuzapfen. Einerseits, weil Sie eine wertvolle Batterie sind, und andererseits, weil es viele Pflichten gibt, um die man kaum herumkommt. So viel Arbeit, und dann kommen Sie mit Ihrer Sehnsuchtssache an, die keine vernünftigen Gründe hat, keinen Plan, keine exakte Vorstellung, nicht mal ein genaues Ziel. Die Sauger um Sie herum haben dies alles aber. Wer gewinnt wohl also im Kampf um Ihre Aufmerksamkeit? Genau, die sogenannten »guten Gründe«.

## Die »gute Gründe«-Falle

Eines Tages könnten Sie achtzig sein und aufzählen, was Sie im Leben alles nicht machen konnten. Wegen der »guten Gründe«. Also lassen Sie die ganzen guten Gründe dafür, warum Sie etwas NICHT TUN, fallen. Sammeln Sie stattdessen lieber gute Gründe dafür, warum Sie etwas Ersehntes TUN sollten. Damit holen Sie sich einen großen Teil der Kontrolle über Ihre Batterie zurück. Und wenn Sie die Kontrolle wieder haben, ist es gut, das eine Weile für sich zu behalten. Weil es da nämlich ein seltsames Phänomen gibt, das Ihre Ideen und Visionen torpedieren könnte, ohne dass Sie es ahnen …

### Das Blechdosen-Phänomen oder warum Sie in privaten Angelegenheiten Ihre Gründe schützen sollten

Sobald Sie eine wirklich tolle, aber noch nicht ganz ausgegorene Idee kundtun, ist es, als würden Sie eine Reihe von Blechdosen aufstellen und der Welt zurufen: *Kommt und zerschießt mich!*

Auf den ersten Blick ist es ein unverständliches Phänomen, dass sich viele Menschen von einer schönen Vision dazu aufgefordert fühlen, diese sofort in Einzelteile zu zerlegen und dann genüsslich Stück für Stück draufzuhauen.

Auf den zweiten Blick ist es dann doch kein so großes Phänomen mehr, sondern ein Teil der menschlichen Natur. Gute Ideen erzeugen Neid. Kaum jemand will sehen, wie Sie sich tatsächlich – also ganz echt! – ein besseres Leben schaffen als er selbst, nur weil Sie den Mut und die Kraft für etwas hatten, das er selbst nicht hinbekommt. Also zerschießt der andere Ihre Ideen, noch ehe Sie richtig starten können. *Bleib klein, steig nicht auf, bleib auf meiner Ebene. Dann verliere ich dich nicht und muss mich zudem nicht ärgern, dass ich diese schöne Sache selbst nicht schaffe.*

### Wie man eine Sehnsucht zerschießt

Und wie macht man das genau? Wie zerstört man beim anderen die Kraft seiner Sehnsucht? Hier kommen die Blechdosen ins Spiel.

Was wäre, wenn der andere zu Ihnen sagte: »Was du da vorhast, ist eine so gute Idee, dass ich neidisch werde und nicht will, dass es dir gelingt«?

Sie wären vielleicht überrascht oder ein wenig schockiert, aber diese Aussage würde Sie gleichzeitig auch in Ihrem Vorhaben bestätigen und Ihnen Mut und Kraft geben. Darum hören Sie das auch nie.

Stattdessen erleben Sie oft eine ganz andere Strategie: »Wow, was für eine tolle Idee. Wie trägt sich das finanziell? Und was sagt dein Mann dazu? Und wie organisierst du dann die Kinder? Woher nimmst du nur die ganze Zeit? Ich bewundere das. Und was machst du, wenn es nicht klappt? Ich kenn da jemanden, der hat etwas Ähnliches probiert, das war nicht ganz einfach, aber er hat es irgendwann schon hinbekommen. Aber, hey, echt eine hammertolle Idee. Ich wünsch dir, dass es klappt.«

Allein ein bestimmter Tonfall, eine Geste, ein Gesichtsausdruck oder ein Blick genügt manchmal schon, um in Ihnen Zweifel auszulösen. Zweifel sind die Kugeln, mit denen man Ihre Ideendosen zerschießen kann. Sie sind wie ein tödlicher Virus und sabotieren Sie dabei, Ihre Sehnsüchte zu leben. Darum säen andere Menschen in Ihnen immer dann Zweifel, wenn sie möglichst sicher verhindern möchten, dass Sie Ihre Lebensbandbreite verlassen. Mit gut platzierten Zweifeln klappt das prima.

Am besten wäre es also, Sie verringern von Anfang an die Chance, dass dies geschieht.

### Warum erzählen wir dennoch so gern von ungelegten Eiern?

Obwohl wir wissen, dass es nicht gut ist, zu früh zu viel zu erzählen, tun wir es trotzdem immer wieder. Leider oft ausgerechnet noch bei den falschen Menschen. Weil wir uns gerade von diesen Menschen endlich Anerkennung wünschen, berichten wir von Leistungen, die wir vollbringen *wollen* (aber eben noch nicht vollbracht haben). Wir möchten wissen, ob sie uns dafür loben oder wertschätzen werden, wenn wir diese Sache machen. Tun sie aber nicht, denn wenn sie vom Typ her so wären, hätten sie es ja schon

immer getan. Also warum sollten sie gerade in dem Moment einen Freundlichkeitsanfall bekommen, in dem wir neue Dosen aufstellen, die sie zerschießen können?
Ein weiterer Grund dafür, dass wir so gerne über ungelegte Eier sprechen, ist das Geheimnis-Erzähl-Gesetz: Je geheimere Dinge Sie von sich selbst preisgeben, umso enger ist der andere bei Ihnen. Dann wird er Ihnen auch geheime Dinge von sich erzählen, und Sie gehören irgendwie zusammen. Das bedeutet Sicherheit, Vertrauen und Geborgenheit.
Und natürlich ist unser Mitteilungsbedürfnis über ungelegte Eier auch deshalb so groß, weil Begeisterung und Euphorie als Kräfte immer von innen nach außen wollen und dort draußen eben die Menschen herumlaufen, denen wir etwas sagen können. Einfach nur weil man etwas zum Rauslassen hat.

**Was man am besten mit ungelegten Eiern macht**

Erst legen. Dann reden. Sie selbst kennen Ihre Umgebung am besten. Sehen Sie mit den Augen der Wahrheit, was mit Ihren Wünschen geschehen wird, falls Ihre Wünsche bedeuten, dass jemand anders etwas verändern oder auf etwas verzichten muss. Schützen Sie Ihre Sehnsucht vor Neid & Co. Verwenden Sie Ihre Kräfte lieber für konkretere Pläne und einleitende Schritte, für erste Entscheidungen und Handlungen. Erschaffen Sie Tatsachen, indem Sie den ersten Schritt bereits allein tun oder sogar mehrere. »Ich habe das schon mal vorsondiert. Es bedeutet dies und das, und am Ende habe ich folgendes Ergebnis.« Machen Sie Ihr Vorhaben konkret, verstehbar und einfach, dann wird es kaum noch angreifbar. Teilen Sie es nur den Menschen mit, die Ihnen Energie für Ihr Vorhaben schenken werden.

## CHECKLISTE:
## *Urlaub von fremden Gründen*

- Ich habe das Grundgesetz verstanden: Sobald man eine Idee oder ein Vorhaben bekanntgibt, wird das Ganze angreifbar.
- Ich habe die Kontrolle über meine Lebensbatterie zurückgeholt. Mindestens 10 % der Energie soll dem eigenen Glück dienen. Der Rest wird nur bewusst investiert, statt ihn unbewusst absaugen zu lassen.
- Ich habe jeden Rechtfertigungsmodus beendet. Sich zu rechtfertigen, heißt, kontrolliert zu werden.
- Ich finde immer eigene gute Gründe in mir selbst, damit fremde gute Gründe weniger Chancen haben.

# Holen Sie sich die Kontrolle über Ihr Gefühlsleben zurück

*Kontrolle im Gefühlsleben? Geht's noch!? Wie soll denn das zusammenpassen? Das ist doch ein Widerspruch in sich? Was ist dann mit Liebe, Romantik, Euphorie, Glück und alldem, soll man das alles etwa kontrollieren lernen? Und das wichtige Bauchgefühl ... Wo bleibt denn da die Menschlichkeit?*

Das sind sehr gute Fragen. Gegenfrage: Hatten Sie schon mal den Wunsch, bestimmte Gefühle *nicht haben zu müssen*? Falls ja, warum wollten Sie diese Gefühle nicht haben? Vielleicht weil sie schlecht waren, okay. Aber Sie wollten auch schon Gefühle *nicht haben*, obwohl sie ins Lager der guten gehörten.
Vielleicht waren Sie schon mal verliebt, aber Ihre Gefühle wurden nicht erwidert. In Ihnen war *Liebe*, und Sie hätten sich gewünscht, sie wäre *nicht da*. Oder jemand, den Sie eigentlich mögen oder lieben, macht bestimmte Dinge, die in Ihnen echt den Schalter drücken. Sie wollen das nicht, aber in diesem Moment könnten Sie ihm oder ihr eine klatschen. Sie möchten also jemanden bestrafen, den Sie lieben. Das klingt voll krass, ist aber genau so.
Vielleicht fühlen Sie sich auch einsam und sinnlos, obwohl es in Ihrem Leben keine Tatsachen gibt, die das begründen würden. Die Gefühle sind einfach da. Sie würden sie am liebsten alle loswerden, aber das geht nicht. Oder aber Sie

wünschen sich eine Sache, eine Art zu leben oder eine Art von Mensch sehr stark. Wünsche fühlen sich ja oft auch toll an. Aber dieser Wunsch will einfach nicht wahr werden, und das macht Sie traurig. Sie würden den schönen Wunsch manchmal am liebsten loswerden.
Falls Sie solche unglücklich verdrehten Abhängigkeiten von Gefühlen in Zukunft weniger erleben möchten, wäre es hilfreich, kurz zu durchleuchten, was da wirklich abläuft.

## Wer kontrolliert hier überhaupt wen?

Ganz einfache Frage: Haben Sie die Kontrolle über Ihre Gefühle, oder haben Ihre Gefühle die Kontrolle über Sie? Wenn Sie kurz darüber nachdenken, werden Sie vielleicht sagen: »Das kann man nicht pauschal beantworten. Manchmal erwischen mich bestimmte Gefühle so unbemerkt oder stark, dass ich sie nicht kontrollieren kann. Ein anderes Mal kann ich meine Gefühle beeinflussen und zum Beispiel noch abbremsen. In wieder anderen Fällen kann ich sie völlig bestimmen und manche Gefühle sogar selbst herbeiführen.«
Gut, die Frage war doch nicht so einfach. Aber sie war wichtig, denn jetzt wissen wir Folgendes:

- Einige Gefühle haben Sie perfekt unter Kontrolle (kein Problem).
- Andere Gefühle sind anstrengend zu kontrollieren (kleines Problem).
- Manche Gefühle übernehmen die Kontrolle (Problem).

Auf dem Weg, sich immer mehr von Ihrem Leben zurückzuholen, geht es vor allem um Kategorie drei: Es ist nicht gut, wenn Gefühle die Regie führen. Selbst wenn es schöne Gefühle sind, ist es nicht ideal, ihnen alles zu überlassen. Denken Sie mal an Menschen, die darin geübt sind, bei anderen schöne Gefühle auszulösen, um eigene Vorteile daraus zu gewinnen. Falls Sie dann das Gefühlsopfer wären, würden Sie die Kontrolle über Ihr Leben aus der Hand geben.

Bei negativen Gefühlen und Emotionen wie Wut, Ungeduld, Aggression oder gefühlter Depression ist es noch klarer. Lassen Sie denen freien Lauf, ist das Unglück vorprogrammiert. Kontrollverlust in puncto Gefühle scheint also keine gute Idee für ein erfüllendes Leben zu sein.

Andererseits: Wer will schon immer alles kontrollieren? Die Liebe, die Freude, das Glücklichsein. Was soll denn das für ein Leben sein? Gerade die schönen Dinge muss man doch auch einfach mal nur genießen können.

Stimmt, genauso ist es.

Also wissen wir nun noch etwas: Pauschale Aussagen zum Thema Gefühle sind einfach weder richtig noch gut. Es kommt immer auf die Situation an. Genau darauf wollen Sie auch hinaus, wenn Sie sich Ihr Leben zurückholen: Sie selbst – und niemand anders – entscheiden *je nach Situation* über Ihre Gefühle.

Gut, dann sehen wir uns mal die allerersten Situationen überhaupt an. Machen wir eine kurze Reise durch über den Daumen gepeilte 300 Millionen Jahre.

### Was spür ich da nur und vor allem warum?

Lassen Sie uns kurz in die Vergangenheit eintauchen, um zu verstehen, welche Bedeutung und welchen Einfluss Gefühle ganz allgemein auf Lebewesen haben. Wenn ein Tier etwas fühlt, reagiert es fast immer unmittelbar. Das war schon bei den Dinos vor geschätzten 300 Millionen Jahren der Sinn der Sache, und so ist es bei Säugetieren bis auf den heutigen Tag. Das Gefühl ruft: Renne! Kämpfe! Verstecke dich! Kopuliere! Und all die anderen Dinge, die man halt als Tier in der Wildnis so macht. Weil dieser Vorgang das Tier weitgehend automatisch zum Handeln treibt, nennt man es auch Trieb oder Impuls.

*Stufe 1 – Säugetier-Impuls: Whaaah, da vorne ist ein Säbelzahntiger. Nix wie weg!*
Wir Menschen sind Säugetiere. Wenn wir etwas wahrnehmen und fühlen, macht das Gefühl oder der Trieb erst mal dasselbe wie bei allen anderen Säugetieren: Es ruft uns etwas zu, und wir spüren den starken Drang, dem zu folgen.
Doch wir haben zwei weitere Instanzen, die uns gegenüber allen anderen Lebewesen überlegen machen. Die eine ist unser Verstand. Er analysiert, was hier los ist, und denkt – falls es die Zeit und der Stresslevel halbwegs erlauben – logisch nach.
*Stufe 2 – Menschen-Verstand: Hmm. Ist es wirklich das Beste, jetzt gleich wegzurennen? Vielleicht ist der schneller als ich, und Wegrennen macht ihn erst recht wild auf mich.*
Doch Nachdenken allein ist erst die halbe Miete, denn wenn es dabei bliebe, würden wir nachdenken, während wir gleichzeitig wegrennen. Also brauchen wir etwas Drittes, das die Entscheidung trifft, ob wir dem Nachdenken oder dem Gefühl oder Trieb folgen. Diese Instanz ist unser freier Wille.
*Stufe 3 – Freier Menschen-Wille: Okay, alles in mir will jetzt wegrennen. Mein Verstand rät mir, das abzuwägen, und nun treffe ich eine Entscheidung: Ich bleibe hier stehen.*

### Ach, du liebe Zeit … Und wer ist nun hier der Chef?

Stufe 3 ist es. Erst wenn Sie Ihren freien Willen anwenden, haben Sie die Macht zu entscheiden, was Sie mit dem Ergebnis aus »Gefühl plus Verstand« anfangen. Denn nicht einmal der schlaueste Gedanke Ihres Verstandes kann Sie zwingen, etwas zu tun, wenn Ihr freier Wille ein Veto einlegt: *Klingt logisch, mach ich aber nicht.* Etwas trotz aller Impulse *nicht* zu tun, ist das große Geschenk unseres Menschseins.

Das alles ist überhaupt nicht banal, denn daraus können wir eine zwingende logische Folgerung ziehen: Unser freier Wille ist eine höhere Instanz als der Verstand. Wenn der freie Wille am Ende »mach ich« oder »lass ich bleiben« entscheiden kann, ganz egal, wie gut das Ergebnis von »Gefühl plus Verstand« ist, dann *muss* dieser freie Wille ganz offensichtlich der Chef über Gefühle und Verstand sein. Das könnte man fast als Merkspruch an den Spiegel kleben: **Der oberste Chef in meinem Leben ist mein freier Wille. Aber nur, wenn ich ihn anwende.**

Ihr Ziel könnte also sein herauszufinden, wie Sie Ihren freien Willen zum Thema Gefühle nutzen, um sich die Kontrolle über Ihr Leben zurückzuholen. Also sehen wir uns an, zu was Sie künftig kraft Ihres freien Willens JA oder NEIN sagen können.

## Ja oder Nein zu Gefühlsketten sagen: Wie geht das?

### Das »Gefühle-Gummiband«

Viele der Menschen, denen wir täglich begegnen, lösen etwas in uns aus. Schon beim Betrachten Ihres Gegenübers auf dem Weg zur Arbeit können Sie Gefühle bekommen.

Anziehend, sexy, nett, sauber, ordentlich, schmutzig, bedrohlich, abstoßend … Solche Eigenschaften denken Sie sich nicht nur aus, oft fühlen Sie im Herzen oder im ganzen Körper, wie Sie jemanden finden.

Menschen können in Ihnen also sogar gegen Ihren Willen Gefühle aktivieren. Und Sie reagieren auf diese Gefühle und tun dann Dinge, die Sie ansonsten nicht getan hätten. Manche Menschen setzen dieses Naturgesetz gezielt ein, um zu manipulieren. Sie möchten Ihnen das Gefühl vermitteln, gut oder schlecht zu sein, geliebt oder ungeliebt.

Viele Mitarbeiter sind zum Beispiel stark an das Gefühlsleben ihres Chefs gebunden. Hat der Chef einen schlechten Tag, verhält sich der Mitarbeiter anders als an einem guten Cheftag. Ist der Chef im Urlaub, geht es allen am besten. Man hängt wie am Tropf. Die Anwesenheit und Laune des Chefs beeinflussen über einen direkten Kanal die inneren Zustände seiner Mitarbeiter. Wenn Sie sich genau erinnern, fällt Ihnen vielleicht auf, dass Sie sich verkrampfen, innerlich zurückziehen, schlechte Stimmung oder gar Angstgefühle bekommen, wenn eine Autorität schlechte Laune hat. Und dass Sie sich entspannen und freuen und den Tag lieben, wenn Ihre Autorität guter Laune ist. Schuld sind (schon wieder) unsere Evolutionserfahrungen, die wir oft einfach nicht im Griff haben. Wenn das Alphatier schlecht drauf ist, wird es für alle unter ihm stressig. Ist der Oberlöwe hingegen satt und entspannt, entspannt sich auch das Rudel.

## So holen Sie sich die Kontrolle zurück

Kann doch Ihnen wurst sein, was das Alphatier gerade drückt. Wirklich. Streifen Sie das Gummiband ab, und lösen Sie die Koppelung Ihrer Gefühlslage mit der Befindlichkeit eines anderen. Es kann doch nicht sein, dass es Ihnen schlecht geht, nur weil jemand anders seine persönliche Laune auslebt. Heute Morgen ist es so und am Nachmittag schon wieder anders, und Sie sollen das abfedern? Geben Sie dem ein Nein.

Das bedeutet aber auch (und darauf kommt es an): Freuen Sie sich nicht, nur weil der Chef sich freut, und ärgern Sie sich nicht, nur weil er heute miese Laune hat. »Entkoppeln« bedeutet: Es ist in jeder Richtung hundertprozentig egal, was die Autorität fühlt. Was zählt, ist die reine Sache. Holen Sie sich wirklich die Unabhängigkeit zurück, selbst zu entscheiden, ob heute ein guter Tag ist oder nicht.

### Wenn die Angst vor bestimmten Gefühlen die Kontrolle gewonnen hat

Wenn Sie bestimmten Gefühlen nachgeben, ist es, als würden Sie die Kontrolle abgeben. Deshalb haben Sie eine Strategie, damit das nicht passiert.

»Weißt du, Thomas, ich will mich im Moment einfach nicht verlieben.«

Das heißt: Sie wollen sich nicht auf gute Gefühle einlassen, weil dabei am Ende schlechte Gefühle entstehen könnten. Nur führt diese Entscheidung leider dazu, dass Sie im Moment schlechte Gefühle zum Thema »Gefühle und Einlassen« haben.

Das alles dreht sich irgendwie im Kreis, und je länger das so geht, umso stabiler werden die Gedankenautobahnen (siehe Seite 15). Dann werden aus einer anfänglichen Ängstlichkeit und Zögerlichkeit eine Grundhaltung und ein Grundproblem.

Wenn Sie sich aus einer solchen Gefühlsschleife befreien wollen, brauchen Sie eine Entscheidung von höherer Stelle, also von Ihrem freien Willen. Zum Beispiel so: »Ich bekomme das ganze Gefühlstheater in mir mit. Aber es ist mir wurst. Hallo, Thomas, klar gehe ich gerne mit dir aus. Und ich verspreche dir, dass ich nichts über Gefühlstheater erzählen werde, weil ich dich kennenlernen will und eine gute Zeit haben möchte, aus der sich vielleicht einmal ein schönes Leben ergibt. Was weiß ich denn schon, was aus uns wird. Also lass uns einfach zusammen ein Stück Leben ansehen.«

**So holen Sie sich die Kontrolle zurück**

Der Startgedanke lautet: »Ich habe Angst vor dieser Situation, weil ich befürchte, die Gefühle könnten (wieder mal) die Kontrolle über mich übernehmen und mich in etwas reinreiten, das ich nicht will.« Klingt logisch. Ist es aber nicht. Denn wenn Sie sich wegen einer Angst nicht einlassen, dann hat diese Angst Sie ja bereits im Griff. Erst wenn Sie die Entscheidung treffen, dass Sie die Angst vor Gefühlen nicht mehr zulassen, haben Sie die Kontrolle wieder zurück. Sie brauchen keine Angst vor Gefühlen zu haben, wenn Sie dabei immer im Blick haben, dass es einen höheren Chef gibt: Ihren freien Willen. Sie können gehen trotz Liebe, und Sie können bleiben trotz Nichtliebe. Was immer Sie entscheiden – Ihr freier Wille schafft das.

## Hier noch mal in Kurzform: So holen Sie sich die Kontrolle über Ihr Gefühlsleben zurück

- **Machen Sie kein Problem daraus.**

Viele Dinge sind kein Problem. Sie werden erst ein Problem, wenn wir sie dazu machen. »Ich fühle mich einsam« ist kein Problem. Es ist eine Beobachtung. Ein Problem entsteht daraus erst, wenn man sagt: »Ich fühle mich einsam. Und ich will das nicht haben.«

»Heute Morgen fühle ich mich traurig.« Das wäre nur eine Feststellung. Sie könnten Ihren Tag beginnen und müssten nichts tun, um weniger traurig zu sein. Sie würden wahrscheinlich feststellen, dass Sie die Traurigkeit im Laufe des Tages verlieren oder vergessen. Geben Sie hingegen der Traurigkeit am Morgen eine besondere Bedeutung, so verstärken Sie traurig machende Gedanken, die am Ende noch mehr Traurigkeit produzieren. Und so wird es für die Menschen und Ereignisse des Tages schwerer werden, Sie die Traurigkeit vergessen zu lassen.

**Bewerten Sie es nicht.**

Machen Sie sich bewusst: Gefühle sind weder schlecht noch gut, sondern zunächst einmal nur kommende und gehende Tatsachen. Also geht es nicht darum, sich selbst Vorwürfe wegen der Tatsachen zu machen, sondern mit den Tatsachen umzugehen.

»Aha, heute ist Glück in mir. Fein.« Und Sie machen Ihren Tag. Idealerweise nutzen Sie die Welle und geben Vollgas bei Dingen, die Sie sonst nur schwer hinbekommen. Denn morgen schon könnten Sie feststellen:

»Aha, heute ist ein Depritag. Okay.« Und Sie machen Ihren Tag. Und es wird schwerer sein als gestern. Aber das ist in Ordnung, denn irgendwann werden Sie wieder feststellen: »Aha, heute ist Glück in mir.«

**Halten Sie die Story klein.**

Wenn negative Gefühle kommen, machen Sie möglichst keine große Geschichte daraus. Diese Dinger kommen, und sie gehen auch wieder, und das ist kein Problem. Ihr Verstand denkt vielleicht, er müsste wissen, warum sich gerade alles so mies anfühlt. Aber das stimmt nicht. Sie müssen gar nichts analysieren, Sie können einfach Ihren Tag machen. Sie bleiben der Chef in Ihrem Laden. Freier Wille eben.

**Verteilen Sie keine Schuld.**

Es ist naheliegend, seinem Gegenüber eine Art Mitschuld für bestimmte Gefühle zu geben. Schließlich ist er oder sie vielleicht der Auslöser. Dennoch gibt es drei gute Gründe, das nicht zu tun.

- Erstens wird der andere Ihnen ebenfalls Vorwürfe für seine Gefühle machen. Und damit hängen Sie voll im nächsten Drama. Wenn Sie die Verantwortung für Ihre inneren Abläufe zu sich zurückholen, kann der andere Ihnen auch nicht mehr die Schuld für seine inneren Abläufe geben. Gleiches Recht für alle.
- Zweitens ist es ein wirklich gutes Gefühl, wenn Sie sich in Ihrer Befindlichkeit nicht vom anderen abhängig machen. Sie holen sich damit ein Stück von Ihrem Leben zurück. Statt sich ständig – erfolglos – zu fragen, was der andere nun wieder denkt und anstellt und warum er so ist, können Sie – erfolgreich – forschen, was in Ihnen abläuft und warum. Das macht Ihre Welt besser verstehbar (siehe Gesundheitssäule 3 des Verstandes, Seite 54) und Sie am Ende zu einem glücklicheren Menschen.
- Drittens können sich Ihre Beziehungen erheblich verbessern, wenn Sie sagen oder denken: »Du löst zwar die Wut/Traurigkeit/Einsamkeit ... in mir aus, aber du bist nicht der wirkliche Grund. Ich kenne das von früher, und es findet in mir statt.« Damit entlasten Sie den anderen von einer erheblichen Verantwortung, und vielleicht entlastet er Sie dann auch.

## CHECKLISTE:
## Gefühlsleben zurückholen

- Ich habe das wichtige Gefühlsgesetz verstanden: Auf Gefühle und Emotionen muss nicht immer reagiert werden. Sie kommen und gehen.
- Ich habe die Bedeutung negativer Gefühle nach unten gesetzt. Dramatisieren ist sinnlos und bringt weder Glück noch Liebe.
- Ich habe die Suche nach Schuld und nach Auslösern für Gefühle in Richtung »egal« geschoben.
- Ich versuche mich vom Gefühlszustand und von den Launen ungeliebter Dritter innerlich komplett abzukoppeln.

# ☞ Ausflug in den Profibaumarkt: Die zwei möglicherweise wichtigsten Werkzeuge Ihres Lebens

Um sich eine Holzkiste zu bauen, brauchen Sie neben ausreichend Holzbrettern eine Säge, einen Hammer und Nägel. Sie können es drehen und wenden, wie Sie wollen, aber diese Dinge sind einfach notwendig, sonst werden Sie am Ende nie eine ordentliche Kiste haben.

Um sich Ihr Leben zurückzuholen, brauchen Sie ebenfalls ein paar Werkzeuge. Ganz einfache und nur zwei, aber die sind unbedingt notwendig, sonst werden Sie die verlorenen Teile nie zurückbekommen. Sehen wir uns die beiden supereinfachen Werkzeuge Ihres Verstandes jetzt an, um zu verstehen, worauf er reagiert, wie er die Kontrolle weggibt oder sie sich nehmen lässt und wie Sie das alles zu sich zurückholen.

## ☞ Werkzeug 1 – »Priming«: Wie ganz bestimmte Schlüsselwörter Ihr Leben bestimmen und verändern

Das englische Wort »Priming« bedeutet so viel wie »Grundanstrich«. Psychologen verwenden es gerne, wenn sie ausdrücken wollen, dass jeder Mensch mit bestimmten Wörtern eine ganz persönliche Grundbedeutung verbindet. In solchen meist simplen Wörtern ist eine Art Geschichte verschlüsselt, die wiederum auf unsere Weltsicht wirkt. Man könnte diese Wörter also auch »Schlüsselwörter« nennen. Würde man im eigenen Kopf ein solches Wort und dessen Wirkung entdecken und es durch ein besseres Wort ersetzen, so hätte das einen positiven Einfluss auf das eigene Leben.

Der Psychologe John A. Bargh von der amerikanischen Yale-Universität prüfte 1996 die Wirkung von Priming mittels einzelner Wörter zum Thema »Altern«. Versuchsteilnehmer, die scheinbar nebenbei Wörter wie *vergesslich*, *Florida* (der US-Rentnerstaat), *Glatze*, *grau*, *Falte* etc. zu hören bekamen, bewegten sich anschließend messbar langsamer als die Teilnehmer einer Kontrollgruppe, die nicht manipuliert wurden. Allein ein paar vermeintlich zusammenhanglose Wörter hatten die Selbstwahrnehmung und das Verhalten der ersten Gruppe verändert. Dieses Experiment ging kurz darauf als das »Florida-Experiment« in die Liste der »großen klassischen Experimente der Psychologie« ein.

Wörter erzeugen also Gefühle. Gefühle plus Gedanken steuern unsere Wahrnehmung und unser Verhalten. Es geht bei dieser Erkenntnis nicht darum, sich nun ständig zu analysieren und einen selbst gemachten Wörter-Druck aufzubauen. Oder sich gar zum positiven Denken zu zwingen, wenn es einfach nicht der Wahrheit entspricht. Das wäre künstlich, stressig und auf Dauer wahrscheinlich das Gegenteil von dem, was Sie wollen.

Es geht nur darum, jene Wörter und Gedanken durch bessere zu ersetzen, die seit Langem mit Gefühlen und Sichtweisen verknüpft sind, die Sie innerlich begrenzen und Ihr Leben belasten.

### ☞ Wie »funktionieren« Ihre Gedanken?

Ihre Gedanken bestehen aus Abfolgen von Wörtern. Es gibt normale Wörter, und es gibt besondere Wörter.

»Ich gehe heute Abend noch einkaufen, weil ich Obst und Gemüse brauche.« Das ist eine Reihe normaler Wörter ohne besondere Bedeutung.

»Ich bin für diesen Job einfach unterqualifiziert.«

Das Wort »unterqualifiziert« ist ein besonderes Wort, weil es in Ihnen Emotionen auslöst. Es aktiviert in Ihnen ein Gefühl darüber, was Sie sind. Es ist wie eine Art Schlüssel, der die Tür zu einem Selbstbild und zu einem Weltbild mit grundlegenden Gefühlen öffnet. Darum nennen wir es »Schlüsselwort«.

»Ich bin krank.« Sowohl der gesamte Satz wie auch nur das Schlüsselwort »krank« erschaffen ein inneres Bild von einem bestimmten Zustand. Sie können das Wort »krank« sozusagen innerlich sehen und fühlen. Als wäre es eine Art Realität.

Untersuchungen haben gezeigt, dass Menschen, die von sich denken, sie wären »wirklich echt krank«, langsamer genesen als Menschen, die von sich denken, dass sie »auf einem Weg der Heilung« sind. »Heilung« ist also ein positives Schlüsselwort, das eine ganze Reihe verborgener Prozesse in Ihnen in Gang setzt, auf die Sie ansonsten keinen Zugriff hätten.

Je nach Sprachstil könnten Sie auch denken: »Mein Körper ist gerade mit Vollgas dabei, gesund zu werden.« Das wäre kein Stück unwahrer als der Satz »Ich bin krank«. Sie würden sich oder andere also nicht belügen, aber Sie würden Ihrem Körper und Ihrem Unterbewusstsein andere Signale senden, zu denen Ihr Verstand andere emotionale Verknüpfungen hat.

### ☞ Bessere Wörter erschaffen eine bessere innere Welt

Wenn Sie in einem Unternehmen arbeiten und keine Freude an der Arbeit haben, können Sie denken: »So ein Mistladen hier.« Oder Sie können denken: »Ein gutes Unternehmen, aber ich gehöre nicht hierher.«
Selbstbetrug im Kopf klappt auf Dauer nie, aber bessere Wörter für dieselbe Wahrheit zu finden, ist kein Selbstbetrug. Wenn Sie darauf achten, dass in einer positiven Formulierung keine Lüge liegt, können Sie ruhigen Gewissens die positive Formulierung verwenden und deren positive Folgen auf Ihren Körper und Ihre Ausstrahlung genießen.

## ☞ Werkzeug 2 – »Framing«: Wie Ihre persönliche Definition von bestimmten Wörtern Ihr Leben beeinflusst

»Frame« bedeutet Rahmen, und »Framing« bezeichnet Ihre Macht, selbst einen Rahmen für die Bedeutung wichtiger Begriffe zu definieren.
Alles, in das Sie Ihre Zeit und Energie stecken, beruht auf einer bestimmten Vorstellung in Ihrem Kopf. Was immer Sie tun, entspringt letztlich bestimmten Gedanken, an die Sie glauben. Angenommen Sie haben heute Abend jemanden zu sich nach Hause eingeladen. Es ist kein ganz normales Abendessen, sondern eher ein »Dinner Date«. Dazu haben Sie eine Vorstellung, wie so etwas aussehen soll, wie es abläuft, wie der andere reagieren soll und so weiter. Ihre Definition von »Dinner Date« ist sozusagen der gedankliche Rahmen, dem Sie folgen. Sie selbst setzen ihn.
Mit dieser Vorstellung beginnen Sie Ihren Tag und planen, was Sie wann tun müssen. Früher mit der Arbeit aufhören, damit Sie in dieses spezielle Geschäft gehen und die beson-

deren Zutaten einkaufen können. Früher zu Hause sein, um die Wohnung und sich selbst schön zu machen und zudem das Essen so vorzubereiten, dass der Besuch den Eindruck erhält, es wäre für Sie ein Leichtes gewesen.
All das tun Sie nicht, weil Sie es müssen, und nicht, weil jemand anders Sie dazu zwingt. Sie tun es, weil ein Bild zum Thema »Abendessen mit jemand Besonderem« in Ihrem Kopf existiert. Dieses Bild bestimmt an diesem Tag Ihr Denken und Handeln und einen großen Teil Ihrer Gefühle. Es gibt den Rahmen vor für alles, was in Ihnen los ist.

### ☞ Beispiel Partnerschaft

Nehmen wir als weiteren Frame das Wort »Partnerschaft«. Wenn Sie unter dem Wort sehr viel Nähe verstehen und der andere darunter sehr viel Freiheit versteht, sprechen Sie zwar beide über Partnerschaft, haben aber verschiedene Inhalte in Ihren jeweiligen »Wortrahmen«. Wenn Sie hingegen Ihren eigenen Frame genau kennen und dies frühzeitig deutlich kommunizieren, sparen Sie sich vielleicht eine Menge Ärger, Kraft und Lebenszeit.

### ☞ Beispiel Beruf

Das Wort »Erfolg« gehört oft eng zum Thema »Beruf«. Doch was »Erfolg im Beruf« exakt bedeutet, ist ein persönlicher Frame. Jeder kann selbst festlegen, wie der Inhalt aussieht. Für den einen kann es *Sicherheit* bedeuten, für den anderen *Freiheit*, für den nächsten *Geld*, für den übernächsten *Aufstieg* oder *Machbarkeit*. Wenn also ein Vorgesetzter sagen würde »Wir vom Unternehmen wollen, dass Sie bei uns Erfolg haben«, wäre es sehr wichtig, dass Sie »Erfolg« mit demselben Inhalt gefüllt haben. Sonst werden Sie unter Druck geraten oder unglücklich werden.

### ☞ So holen Sie sich das Werkzeug des Framing zurück

Zunächst einmal sind es immer Sie selbst, der ein Wort oder einen Satz mit einem Inhalt befüllt. Ein anderer kann nicht genau wissen, was Sie hineingetan haben. Sie hingegen wissen nicht, was der andere in seinen Rahmen gefüllt hat.

Sie holen sich sehr viel Kraft zurück, wenn Sie die Kontrolle über die Rahmen in Ihrem Leben übernehmen. Wenn etwas unklar wirkt, setzen Sie fest, wie Sie es verstehen und haben wollen. Kommunizieren Sie das auch. Damit haben Sie eine Startposition erschaffen, die ein anderer annehmen kann oder zu der er sich äußern kann. Wenn nie jemand einen klaren Rahmen setzt, wursteln alle nach ihren eigenen Vorstellungen vor sich hin, bis es irgendwann mal kracht.

### ☞ Erkennen Sie, wo Frames wirken

Wenn eine Situation Sie immer stärker unter Druck setzt, könnte es sein, dass Sie in einem Rahmen stecken, den Sie niemals selbst gesetzt haben oder dem Sie so niemals zugestimmt haben.

Zum Beispiel:

*Was beschwerst du dich denn? Du hast doch auch gesagt, dass in unserer Beziehung jeder seine Freiheiten behalten soll.*

Ja, aber nicht die Freiheit, mit anderen weiter herumzumachen, als wäre man noch ein Single auf der Suche.

*Dann hättest du aber früher sagen müssen, was du unter Freiheit verstehst.*

Wie hätte ich das denn tun sollen? Ich wusste ja gar nicht, dass man etwas derart Verqueres unter Freiheit in einer festen Partnerschaft verstehen kann.

Weil nie darüber gesprochen wurde, spüren Sie die Abweichung vom anderen immer deutlicher, je länger Sie Ihrer Idee des Rahmens folgen. Das Bild der verschiedenen Wortrahmen verdeutlicht sehr gut, was gerade vor sich geht.

### ☞ Setzen Sie Ihren Frame ganz klar, erkennbar und offen

»Für mich bedeutet Partnerschaft, dass beide das Bedürfnis verspüren, möglichst viel Zeit miteinander zu verbringen.« Das ist ein Frame zum Thema »Partnerschaft«.
»Für mich bedeutet Partnerschaft, dem anderen möglichst viel Zeit für die Dinge zu lassen, die er auch ohne mich schon immer gerne gemacht hat.« Das ist ebenfalls ein Frame zum Thema »Partnerschaft«.
Wenn Sie keinen eigenen haben, wird Ihr Verstand sich am Frame des anderen ausrichten, und Sie werden immer wieder spüren, dass es Ihnen nicht gut geht.
Legen Sie selbst fest, was eine wichtige Sache für Sie bedeutet. Sonst macht es jemand anders für Sie. Wichtige Rahmen, die Sie unbedingt mit eigenem Inhalt füllen sollten, sind: Was bedeutet für mich Liebe, Glück, sinnvolles Leben, Familie, Zukunft, Entspannung und Freizeit?

## ☞ Zusammenfassung

Das Werkzeug des Priming verschafft Ihnen die Möglichkeit, ungute Schlüsselwörter aus Ihrem Denken rauszuwerfen, stattdessen bessere Wörter zu verwenden und damit die Kontrolle über Ihre Gefühls- und Gedankenwelt zu sich zurückzuholen.
Das Werkzeug des Framing gibt Ihnen die Möglichkeit, den Rahmen von Worten künftig selbst zu befüllen und damit die Macht der Bedeutung zu sich zurückzuholen.

# Holen Sie sich Ihre Ziele zurück

*Meine Ziele sind doch immer meine Ziele. Was soll ich da zurückholen?*

**Zum Beispiel Ziele, die Sie losgelassen haben, weil andere leichter zu bekommen waren. Oder weil Ihnen jemand klammheimlich Ziele untergejubelt hat, denen Sie nun folgen, ohne das jemals wirklich entschieden zu haben.**

*Okay, mit untergejubelten Zielen kenne ich mich aus. Dann lassen Sie mal hören.*

Ein Mensch mit Zielen und dem Willen, ihnen näherzukommen, ist kaum aufzuhalten. Nicht, dass alles plötzlich von selbst gehen würde, und nicht, dass alles schnell gehen würde. Es kann Mühe machen, und es kann dauern. Aber es *wird* dorthin gehen. Weil das Ziel da ist.

Würde dieser Mensch sein Ziel infrage stellen, so würde er schlagartig einen großen Teil seiner Kraft verlieren. Weil aber Kraft in einem geschlossenen Universum nie verloren gehen kann, ist die Frage, wohin sie fließt.

## Warum Ihnen jeder dauernd Ziele einreden will

Die Wirkung einer Kraft richtet sich immer danach, worauf sie gerichtet ist. Das Ziel bestimmt also, was eine Kraft bewirken wird. Soweit es um Sie geht, sind Sie eine Kraft auf zwei Beinen. Eine absolut wertvolle Ressource! Darum versuchen alle, irgendwie etwas von Ihrer Kraft abzubekommen, und das probieren sie durch die Vorgabe von Zielen. *Tu dies, mach das … Sei dann und dann hier … Kannst du mal eben …? Gib mir mal … Hilfst du mir …? Du hast doch versprochen …*

Ständig von der Seite Ziele in Ihren Kopf zu schießen, ist die wichtigste Methode, um an Ihre Kraft heranzukommen. Die zweitwichtigste Methode ist es, Ihnen Ihre eigenen Ziele auszureden oder sie zu schwächen.

Wenn Sie genau hinsehen, könnten Sie feststellen, dass Sie vielen Zielen folgen, die Sie selbst nie gewählt haben, und wenigen Zielen folgen, die Ihnen persönlich am Herzen liegen. Das Querschießen von fremden Zielen in Ihren Kopf hat also geklappt.

## Wie Ziele Ordnung in das Gedankenchaos bringen

Verschiedene unabhängige Studien sind sich darin einig, dass unser Verstand im Mittel die unglaubliche Menge von etwa 60 000 Gedanken pro Tag erzeugt. Über 70 % davon sind flüchtige Gedanken, etwa 25 % sind Gemecker oder Kritik an der Welt, an sich selbst oder an anderen, und nur etwa 5 % der Gedanken sind aufbauende positive Gedanken.

Eines der Mittel, wie unser Verstand einigermaßen Ordnung in dieses Chaos bringt, sind Ziele. »Ich muss heute in die Arbeit gehen« ist zum Beispiel so ein Ziel, dem eine Reihe von Gedanken folgen, die wiederum eine Reihe von Handlungen und Gefühle auslösen. Ein Ziel wirkt wie ein Kleiderständer, in einem Raum voller Gedanken: Alle Gedanken, die irgendwie zu dem Kleiderständer passen, hängen sich dort auf, und es wird sofort ruhiger.

Das mit den Zielen als Gedankensammler klappt immer. Stellen Sie einfach einen Kleiderständer auf, zum Beispiel »Ich will dieses Jahr nach Afrika fliegen und Tiere beobachten«, und alles in Ihnen wird sich diesem Ziel widmen. Wenn Sie ein paar Tage später einen wichtigeren Kleiderständer aufstellen, etwa »Ich brauche unbedingt ein neues Auto, das alte kommt jetzt nicht mehr durch den TÜV«, werden die meisten Gedanken dorthin fliegen. Afrika ade. Ziele sammeln also Ihre Kraft und richten sie auf einen Punkt aus, und Ziele sind immer nach Wichtigkeit sortiert.

## Fremde Kleiderständer in Ihrem Zuhause

Alles, was Sie in Ihrem Leben tun oder nicht tun, ist eine Frage der Hierarchie von Zielen. Sie haben eine feste Menge an Zeit und eine bestimmte Menge an Gedanken – und eine begrenzte Anzahl von Kleiderständern für das alles. Ihre Aufgabe besteht darin, die Kleiderständer nach Wichtigkeit zu ordnen.

Wenn nun ein Dritter Ihnen ungefragt seinen Kleiderständer in Ihren Raum stellt, groß und toll und neu, werden Ihre Gedanken automatisch dorthin fliegen. Wenn er das auch noch sehr wichtig und überzeugend macht, werden Sie gar nicht mehr weiter über Ihre eigenen Ziele nachdenken. Und plötzlich machen Sie lauter Dinge, die Sie nie wirklich beschlossen haben, und die Summe all dieser Dinge ist Ihr Leben geworden.

Warum folgen wir Zielen und Wegen, über die wir später fast schon den Kopf schütteln und die rückblickend Fragen wie diese in uns aufwerfen: *Wieso habe ich so lange weitergemacht? Warum habe ich das nicht vorher erkannt? Schade um die ganze schöne verlorene Lebenszeit!*

Wir merken oft nicht, dass wir fremden Zielen folgen, weil wir irgendwann mal dachten, dass sie »gut« wären. Besser als unsere vielleicht noch unausgegorenen eigenen Ziele. Besser, um eine erlösende Ordnung in die Welt unserer eigenen Gedanken zu bringen. Wir haben einfach unsere Prioritäten nicht bewusst vergeben, also haben andere diese Prioritäten an sich gerissen.

### Die stillschweigende Zielübertragung

»Du, Schatz, wir haben ja das Ziel, möglichst viel Geld zu verdienen, damit wir uns das Haus leisten können. Nun ist die Frage, wie wir die Aufgaben am besten organisieren, weil ich bei so viel Arbeit oft nicht da bin. Also müsstest du bitte noch folgende Aufgaben übernehmen …«
Stopp!
Wieso haben »WIR« das Ziel, möglichst viel Geld zu verdienen? Sie haben vielleicht nichts gesagt, aber haben Sie dieses Ziel auch mit voller Absicht und aus freiem Willen so beschlossen? Eine echte Falle, die später zu einem unglücklichen Leben führen kann, sind Ziele, denen man eifrig folgt, ohne je wirklich darüber nachgedacht zu haben. Lehnen wir kurz verbotenerweise unser Ohr an die Wand und hören, was gerade bei Karl Sorensen und seiner Partnerin Gerda los ist. Karl strebt seit Längerem einen Ortswechsel an.

Karl: »Ich habe doch immer gesagt, wir ziehen in die Nähe meiner Mutter, weil das mit den Kindern viel praktischer ist.«
*Gerda: »Genau, DU hast das gesagt. Aber du hast nie gefragt, ob ich das wirklich will. Du hast gesagt, wie unglaublich vorteilhaft das wäre.«*
»Und du hast jedes Mal zugestimmt.«

*»Ja, ich habe zugestimmt, dass es vorteilhaft wäre. Das wäre es auch. Aber du hast nie gefragt, ob ich es auch will. Wie ich mich bei dem Gedanken fühle.«*
»Weil ich davon ausgegangen bin, dass du es genauso gut findest wie ich. Weil es einfach logisch und naheliegend ist.«
*»Ja, es ist für dich logisch und naheliegend, aber ich mag es nicht.«*
»Du magst es nicht? Was ist denn das für ein Argument?«
*»Mein Argument. Ich mag es einfach nicht.«*
»Und warum nicht?«
*»Weil ich sehr gerne wohne, wo wir wohnen.«*
»Du magst meine Mutter einfach nicht, das ist es.«
*»Ich finde, ich bin selbst Mutter genug, ich brauche nicht noch eine Mutter in der Wohnung unter uns.«*

Es gibt Ziele, die wirklich logisch sind und rein sachlich gesehen so viele Vorteile versprechen, dass man nicht so recht weiß, was man dagegen sagen soll. Und – schwupps – haben Sie nichts gesagt, und der andere macht daraus die Geschichte, Sie hätten zugestimmt. Plötzlich folgen Sie einem Ziel, das Sie selbst nie gewählt und beschlossen haben. Das ist kein Problem, solange es um Kleinigkeiten geht. Doch bei wichtigeren Zielen fängt der andere an, danach zu handeln, weil er glaubt, Sie wären dabei. Und dann denken Sie vielleicht: »Oh, Gott, er hat schon dies und das gemacht, was soll ich jetzt nur tun?« Dann warten Sie noch ein wenig, mal sehen, was wird. Irgendwann hat der andere schon eine ziemliche Menge unternommen, ist voller Eifer, und Sie haben inzwischen Angst zu sagen, dass Sie das Ziel gar nicht teilen, weil Sie beim anderen keinen Schaden anrichten wollen. Und natürlich würden Sie Vorwürfe ernten.

»Warum hast du das nicht vorher gesagt?«
Genau: Warum sagen wir manchmal nicht gleich, was uns nicht gefällt? Höflichkeit, Unsicherheit, Kindheitsprägung … Ist schon klar, aber irgendwann reicht es auch damit. Ändern Sie das, und melden Sie Ihre wahren Bedürfnisse und Gedanken an. Wenn der andere Sie schätzt, wird er nicht wollen, dass sein Handeln Sie unglücklich macht. Also beginnen Sie damit mitzuteilen, dass Sie sich unglücklich fühlen. Und beichten Sie ihm von der Misere mit dem Ziel, das Sie nicht teilen.

## Warum lassen wir unsere großartigen Ideen oft los? Weil wir keine Schlange sind

Wenn eine Schlange etwas Großes verschlucken will, denkt sie nicht lange nach. Sie klinkt einfach ihren Unterkiefer aus und würgt es in sich hinein. GROSS ist kein Problem. Aber wir Menschen sind keine Schlange. Wir brauchen viele kleine Bissen.
Genauso ist es bei großen Zielen. Ein Hauptbremsklotz für größere Veränderungen auf einem Gebiet ist, dass sie eben groß sind. Zu groß zum Schlucken! Unser Verstand rechnet kurz hoch, sieht den ganzen Berg und alle möglichen Folgen vor sich und kommt zu dem Entschluss: *Ach, eigentlich braucht es das doch nicht, ist schon okay so, ich komme ja zurecht.*
Falls Ihnen das bekannt vorkommt, sind Sie nicht allein. Fast jedes Gehirn tickt so. Der Unterschied zwischen Menschen, die etwas Größeres verändert haben, und jenen, die es bislang noch nicht geschafft haben, liegt in der Art, wie man mit dem gefühlten GROSS umgeht. Also, wie machen die anderen das?

Hier hilft Ihnen eine Technik, die man in Elitetruppen wie den Seals, einer amerikanischen Spezialeinheit, übt. Dort geht es ständig um scheinbar unmögliche Dinge, vor denen jeder vernünftige, normale Mensch zurückzucken würde. Ein Elitetruppensoldat ist letztlich auch nur ein normaler Mensch mit denselben menschlichen Zweifeln, Bedürfnissen, inneren Einsprüchen und so weiter wie jeder andere. Die Methode, es trotzdem zu schaffen, besteht aus zwei Schritten, und sie ist ebenso einfach wie wirksam.

### Wie Sie aus GROSS klein machen

**Schritt 1: Nimm das Ziel als Ziel an.**

*Hinterfrage nicht ständig, ob du es willst oder doch nicht willst oder später mal willst oder unter bestimmten Umständen willst. Denke in Ruhe nach, verstehe es, und dann, wenn du es willst, beschließe es. Von da an ist das Thema Ja oder Nein erledigt.*

Ständige Zweifel am Ziel machen Sie innerlich fertig, weil Sie die zweite Gesundheitssäule Ihres Verstandes zermürben: die Kontrollierbarkeit. Wenn Sie Ihr Ziel ständig anzweifeln, fragt sich in Wahrheit Ihr Verstand permanent, ob Sie es überhaupt erreichen können. Und das schädigt auf Dauer den gesunden Zustand Ihres Gehirns.

**Schritt 2: Zerlege den Weg.**

*Denke nicht an das Ziel und wie weit es weg ist und wie mühselig der Weg dorthin ist. Das ist beschlossen, und darüber wird nicht mehr nachgedacht. Zerlege nun den Weg in Teilschritte, die du schaffen kannst.*

Für Sie als vermutlicher Nicht-Elitesoldat gilt die mildere Version: *Zerlege den Weg in Teilschritte, die so winzig sind, dass du sie bequem schaffen kannst.* Immer wenn Sie so

einen Schritt gemacht haben, erhält Ihr Verstand eine Glücksgefühl-Belohnung. Und das ist super, weil ein Teil von Ihnen sich daran gewöhnt:
**Ziele zu erreichen, macht ja richtig glücklich!**
Das ist Teil unseres inneren Lebensprogramms, eine Art Urzeit-Zell-Codierung. Also setzen Sie sich absichtlich viele leicht erreichbare Ziele, und Ihr Gehirn wird Sie jedes Mal mit Glücksgefühlen belohnen.

## Nur ständig zu rennen, macht Ihre guten Ziele kaputt

Ein erreichbares Ziel scheint auf Anhieb eine verlockende Idee zu sein. Darum bekommen uns viele fremde Ziele an den Haken, wenn sie uns schnellen Erfolg versprechen. Aber ein Geißeltierchen hat auch ein Ziel, zu dem es schnell hin will, und ein Spermium ebenfalls, und ein Regenwurm, ein Frosch, ein Vogel, ein Affe ... Alle haben Ziele, alle rennen rum, alle wollen irgendetwas. Weil sie überleben und sich vermehren wollen. Das ist normal, das macht die Evolution von ganz allein. Dass alle irgendetwas wollen, dafür braucht sich niemand zu begeistern. Der Besonderheitswert, dass Ihnen jemand eine erreichbare Sache vorschlägt, beträgt gleich null. Davon sollten Sie sich nicht vereinnahmen lassen.
Einen Besonderheitswert hat etwas dann, wenn es IHR Ziel ist oder als Zwischenstation zu Ihrem Ziel dient. Denn wofür strengen Sie sich an, wofür verbrauchen Sie Ihre wertvolle Lebenskraft, wenn es am Ende nicht einmal zu etwas führt, das Ihnen Erfüllung verschafft? Für ein Froschziel sind Sie nicht hier, darum wird es Sie auf Dauer auch nicht glücklich machen. Als Mensch brauchen Sie etwas Höheres, etwas Artgerechtes sozusagen.

### Der Trick mit dem Sinn-Ziel

Und damit sind wir bei einer Eigenschaft, die einzig und allein die Lebensform Mensch hat: Wir können nach dem Sinn von etwas fragen. Wenn er gegeben ist, sind wir motiviert, uns fortzubewegen und unsere Energie zu investieren. Falls nicht, verlieren wir Energie. Bei ein und derselben Tätigkeit. Physikalisch gesehen können Sie 3000 Kalorien bei einer Arbeit verbrauchen und sind hinterher super drauf und bereit für Weiteres. Oder Sie verbrauchen dieselben 3000 Kalorien bei exakt derselben Arbeit und sind anschließend kräftemäßig am Ende. Wie kann das sein? Es kann sein, weil bei Menschen der »persönliche Sinn« eine echte Energiequelle ist.

Wenn Sie irgendwie hauptsächlich mit Überleben und Abarbeiten beschäftigt sind und dabei ständig nur Kraft verlieren, kann es gut sein, dass Sie nicht mehr Freizeit oder mehr Geld oder eine Medizin oder einen anderen Partner oder sonst irgendetwas in der Welt brauchen, sondern *mehr Sinn.*

### Holen Sie sich Ihren Sinn zurück

Wenn Sie das erkannt haben, wissen Sie, was in Zukunft Schritt für Schritt zu tun ist: den Sinn zurückholen. Weil Sinn Lebenskraft ist. Ihr persönlicher Sinn ist Ihre persönliche Lebenskraft. Sobald Sie sich Ihren persönlichen Sinn zurückholen, holen Sie sich auch Ihre persönliche Lebenskraft zurück.

Den persönlichen Sinn zu wissen, zu fühlen oder zu finden, ist eine eigene Aufgabe, bei der sich jede Minute lohnt, in der Sie sich damit beschäftigen. Falls Sie Ihren Sinn nicht benennen können: Macht nichts. Benennen Sie stattdessen das, was ganz sicher keinen Sinn macht, und reduzieren Sie als Erstes den »Unsinn«. Sinnlose Dinge rauszuwerfen, die keinen Nutzen haben oder die Sie nicht mehr brauchen, kann einem zum Beispiel sehr viel Sinn spenden.

### Holen Sie sich die Einfachheit zurück

Die Welt erscheint heute unendlich kompliziert und das Menschsein erst recht. Glücksgefühle und Sinn hingegen entstehen durch einfache Dinge und einfache Zusammenhänge.

☞☞☞

*Kompliziertheit = Unglück*
*Einfachheit = Glück*
*Einfachheit zurückholen = Glück zurückholen*

☞☞☞

Erschaffen Sie sich ganz bewusst einen Umschalter. Schmeißen Sie in Ihrem Privatleben alles, was Sie studiert und gelernt haben, über Bord. Werfen Sie alle Gedanken, die Sie in Ihrer Arbeit vielleicht brauchen, hinterher. Privat darf es einfach sein. Nur weil etwas ganz einfach ist, ist es noch lange nicht falsch. Unser Gehirn ist so sehr darauf geeicht, komplex und kompliziert zu denken, dass es hinter einfachen Dingen falsche oder unzulängliche Dinge vermutet. Lassen Sie sich davon nicht einwickeln.
Je einfacher Ihr Ziel ist, umso besser können Sie es ins Leben holen und damit arbeiten. Auffällige Kompliziertheit kann sehr gut ein Trick sein, quasi eine Ausrede des Unterbewusstseins, um etwas ganz Einfaches und Simples nicht tun zu müssen.

## Manipulatoren bringen Sie von Ihren eigenen Zielen ab

Ziele entfalten also eine große Wirkung, sobald sie jemand einmal anerkannt hat. Das weiß auch ein Manipulator, darum will er, dass Sie unbedingt seine Zielvorgaben annehmen. Entweder ganz offiziell, indem Sie »Ja, klar« sagen. Oder um fünf Ecken herum, indem Sie mitmachen und gar nicht merken, dass Sie dabei in eine Rolle gesteckt und auf eine Spur gesetzt werden. Das Wichtigste ist einem Manipulator immer, dass Sie a) nicht kritisch werden und hinterfragen, was Sie da eigentlich machen, und dass Sie b) bloß nicht grundsätzlich werden.

*»Ich frage mich gerade, ob ich das grundsätzlich noch alles so will.«*

Das ist eine Katastrophenfrage für einen Manipulator. Darum wird er in so einem Fall sofort versuchen, Sie in Detailprobleme zu verwickeln oder Sie in Angst vor den möglichen Folgen zu versetzen. Probleme und Angst sind ein Superwerkzeug. Damit versucht der Manipulator, Ihre Gedanken von Ihren eigenen Zielen und Vorstellungen wegzuzerren.

**So verhindern Sie das: Formulieren Sie Ihre Lebensidee**

Sie brauchen Ihre eigenen wichtigen Ziele für Ihr Leben, sonst sind Sie leichte Beute für Menschen mit scheinbar tollen Zielen. Machen Sie den ersten Schritt deshalb immer ganz allein mit sich aus. Überlegen Sie, was Sie selbst wirklich wollen. Analysieren Sie, was Sie gerade praktisch täglich tun. Passt das, womit Sie Ihre Zeit verbringen, irgendwie zu Ihrer Lebensidee, oder unterstützen Sie damit die Ideen eines anderen?

»Lebensidee« ist Ihr Schlüsselwort, weil eine Lebensidee über allem anderen steht. Jedes Ziel, jede Beziehung, jede Entscheidung findet immer unter dem Dach Ihrer Lebensidee statt. Geschieht unter diesem Dach vieles, was nicht zum Dach passt, werden Sie unglücklich. Niemand kann dieses Gesetz umgehen, deshalb kämpft jeder darum, dass die Dinge unter seinem Dach so laufen, wie er es für richtig hält. Also sorgen Sie unter Ihrem Dach dafür, dass die Dinge zunehmend so laufen, wie es zu Ihrer Idee von Glück passt.

☞☞☞

*Wer das Ziel kennt, kann entscheiden.*
*Wer entscheiden kann, findet Ruhe.*
*Wer Ruhe findet, gewinnt Sicherheit.*
*Wer sicher ist, kann überlegen.*
*Wer überlegt, kann verbessern.*

Konfuzius

☞☞☞

## CHECKLISTE:

## *Ziele – alles im grünen Bereich?*

- In mir sind eigene Ziele vorhanden, und sie sind auch klar genug, dass ich sie formulieren kann.
- Ich habe wichtige Ziele in winzige erreichbare Häppchen zerlegt, sodass ich mich immer wieder über eine Etappe freuen kann.
- Ich habe mir fremde Ziele, die auf mich wirken, bewusst gemacht.
- Ich habe fremde Ziele, die auf mich wirken, aber nicht meinen Zielen dienen, auf die Abschussliste gesetzt.
- Ich liebe meine persönlichen Ziele wie die besten Freunde in meinem Leben.
- Meine Ziele sind mir wichtig, aber wenn ich auf dem Weg etwas wirklich Gutes finde, bin ich bereit, alles zu verändern.
- Ich unterstutze es sehr, wenn Menschen ihren Zielen zum Glück folgen. Sofern es nicht auf Kosten anderer geschieht.
- Ich liebe es, bei meinen Zielen ebenfalls gefördert zu werden.

# Holen Sie sich die Kontrolle über Ihre Beziehungen zurück

*Kontrolle? Das hört sich ja schrecklich an!*

**Wäre eine außer Kontrolle geratene Beziehung besser?**

*Natürlich nicht. Ich möchte ja auch Sicherheit und mich fallen lassen können, ohne die ständige Angst, dass dabei etwas schiefgeht.*

**Dann wäre es also schön, wenn das, was geschieht, in einem guten Rahmen ablaufen würde?**

*Das wär schon prima. Sofern es dann nicht zu langweilig wird.*

**Keine Sorge.**

Wenn man die Aufgabe hätte, mit nur zwei Wörtern bei möglichst vielen Menschen einen privaten Gefühlsalbtraum auszulösen, würde man vielleicht eine Weile herumprobieren und dann zu einer ziemlich wirksamen Lösung kommen: »Kontrolle« und »Beziehung«. Was für ein Wahnsinn ist das denn? Das klingt wie »Nitro« und »Glyzerin«.

## Das Problem mit der Kontrolle

Wenn wir eine Liebesbeziehung, Partnerschaft oder Freundschaft haben, wollen wir nicht kontrollieren müssen und nicht kontrolliert werden. Wir wollen vertrauen, loslassen, lieben und geliebt werden. Wir wollen, dass der andere uns durch die Augen der Liebe anblickt, um unsere Sehnsüchte aus den hintersten Winkeln unseres Gehirns herauszulesen. Wir wollen, dass wir endlich mal nichts leisten müssen, uns nicht erklären müssen und uns nicht abschirmen müssen. Weil die Liebe das nicht braucht. Falls es im Universum einen Test für die Liebe gibt, dann ist es ganz sicher die Nicht-Kontrolle.

So weit das Märchen, in dem am Ende alles gut wird.

Bitte bleiben Sie dennoch kurz in der Leitung.

Werfen wir einen kurzen Blick in die reale Welt. Wenn Sie ganz ehrlich sind, werden Sie wahrscheinlich feststellen: Sie kontrollieren immer. Und der andere ebenfalls. Weil uns das angeboren ist. Auch wenn Sie nur die Mimik des anderen lesen und deuten, tun Sie das, weil Sie wissen wollen, ob er Sie gerade versteht oder nicht, damit Sie sich gegebenenfalls ändern können. Sie kontrollieren also sein Verhalten. Selbst in einer wirklich wunderbaren Liebesbeziehung kontrollieren Sie, was abläuft. Weil Sie keinen Fehler machen wollen, der vielleicht am Ende alles zerstört. Weil Sie nicht wollen, dass der andere ungestüm in eine Richtung prescht, die am Ende alles zerstört. Und vielleicht auch nur aus liebevoller Fürsorge.

### Keiner will es, aber alle tun es

Die Wahrheit ist also: Sie kontrollieren Ihre Beziehung, und der andere tut es ebenfalls. Das macht aber nichts, denn alle tun es, weil Kontrolle zu haben ein Teil unserer Natur ist. Würde jemand absolut nichts unter Kontrolle haben wollen, könnte das so wirken, als dächte er: »Mach, was du willst, es ist mir egal.« Darum lieben wir das Kontrollgefühl ein ganz klein wenig, weil es zeigt, dass wir dem anderen wichtig sind. Ist also Kontrolle automatisch schlecht? Nein. Können wir Kontrolle komplett auf null stellen? Nein. Sie findet einfach statt. Kontrolle bedeutet: Sie wollen bestimmte Dinge, andere Dinge dagegen nicht, und Sie achten darauf, dass Ihr Leben in der richtigen Bandbreite bleibt.

### Kontrolle ist der Wunsch nach Bandbreite

Sie wollen zum Beispiel, dass der andere keine Dinge macht, die ihm schaden oder die Ihnen schaden. Sie wollen, dass er nichts anstellt, was Ihre Beziehung zerstört. Sie wollen, dass er nett und freundlich zu Ihnen ist, dass er eine bestimmte Menge Zeit für Sie hat und dass er Ihnen nahe ist. Oder anders herum, dass er nicht noch näher kommt. Und so weiter.
Kontrolle bedeutet, Grenzen zu haben und auf Grenzen zu achten.

## Ab wann es Gift wird, ist immer eine Frage der Dosis

Die erste Erkenntnis, wenn es ein Problem mit dem Thema Kontrolle gibt, lautet: Es geht nie darum, sie komplett loszuwerden, weil man dann nahe an dem Grat wandert, die ganze Beziehung loszuwerden. Wichtig ist nicht »Kontrolle – ja oder nein?« (es ist immer ein Ja), sondern worauf sie sich richtet und wie hoch die Dosis ist. Es gibt eine Art von Kontrolle, die alles kaputt macht, und eine Art von Kontrolle, die Beziehungen gut macht.

**Neulich bei den Nerds**

»Sieh mal, ich hab da eine App. Mit der sehe ich immer, was Karin gerade macht.«

*»Cool, wie heißt die?«*

»Womancontrol. Aber du musst die 2.0-Version nehmen. Die arbeitet mit Sprachsensor und künstlicher Intelligenz.«

*»Wie das denn?«*

»Die künstliche Intelligenz analysiert ständig, was Karin redet. Falls sie flirtet, sendet mir ihr Handy eine Message mit Standort.«

*»Und das macht Karin mit?«*

»Aber ja. Auf ihrem Handy sieht die App aus wie ein Katzenbilderalbum. Sie mag Katzen.«

*»Ist das nicht irgendwie fies?«*

»Ach was. Hier guck mal. Ich kann sogar wählen, ab wann die App aktiv wird.«

*»Was bedeutet denn der rote Punkt da oben?«*

»Dass sie gerade flirtet. Hey, Moment mal, das ist auf dem Postamt.«

*»Postamt?«*

»Sie gibt seit zwei Wochen ihre Briefe persönlich ab. Ich hab mich schon gefragt, warum.«

*»Und was machst du jetzt mit dieser Information?«*

»Das ist das Gute an der App. Die künstliche Intelligenz liefert Vorschläge, wie ich das unter Kontrolle bekommen kann. Hier: ›Sprechen Sie mit Ihrer Frau über Ihre Bedürfnisse.‹«

*»Das hätte ich dir auch ohne künstliche Intelligenz sagen können.«*

»Es geht aber nicht um dich. Es geht um mich und

Karin und darum, dass sie Dinge tut, die unsere Beziehung zerstören.«

*»Aber deine App zerstört doch auch …«*

»Ich bin jetzt gerade wirklich nicht in der Lage, mit dir über Apps zu diskutieren. Siehst du denn nicht, was Karin gerade macht?«

## Holen Sie sich die Kontrolle über den Kontrollwunsch zurück

»Wo bist du, was machst du, mit wem und wie lange noch?« Das mit den Nerds und der Handy-App klingt wie Spaß, ist es aber für viele nicht. Sie glauben nicht, wie viele Partner den anderen aus Kontrollsucht detailliert überwachen und wie viele Partner diesem Verhalten wissentlich zustimmen, nur um die Beziehung am Leben zu erhalten. Der Kontrollzwang hat sich dann selbstständig gemacht und kostet beide Seiten wirklich viel von einem guten Leben.

Denken Sie an die zweite Gesundheitssäule für Ihren Verstand (siehe Seite 53), und holen Sie das Gefühl der Kontrolle zu sich zurück. Die Kontrolle in Beziehungen zu sich zurückzuholen, bedeutet NICHT, den anderen zu kontrollieren. Es bedeutet stattdessen, selbst neu zu entscheiden und kein Opfer einer Beziehungsform zu sein. Die folgenden Beispiele sind vielleicht ein guter Beginn.

### Die eigene Erkennbarkeit kontrollieren

In einer Beziehung zu wissen, wer Sie sind, wofür Sie stehen und wohin Sie wollen, ist das Beste, was passieren kann. Es hilft dem anderen, Sie zu verstehen, und verhindert, dass er an Ihnen herummanipuliert, nur um Klarheit zu gewinnen. Zeigen Sie, worauf Sie unbedingt Wert legen und was Sie keinesfalls akzeptieren. Ziehen Sie eine deutliche Linie der Nulltoleranz. Wo werden Sie sich niemals verbiegen lassen? Je klarer Sie innerlich sind, desto klarer ist Ihr Beziehungsmagnet.

**◗ Das eigene Verhalten kontrollieren**

Wenn Sie sich verhalten wie eine Achterbahn, wird der andere das Gefühl haben, Achterbahn zu fahren. Wenn er sich also unverständlich verhält, könnte es daran liegen, dass Sie ihm mehr Klarheit senden dürfen. Erlösen Sie sich beide mittels der dritten Gesundheitssäule für den Verstand: »Verstehbarkeit« (siehe Seite 54).

**◗ Die eigenen Ziele kontrollieren**

Gebe ich dem anderen das Gefühl, unsere Ziele wären gleich, obwohl sie es in Wahrheit nicht sind? Ändere ich ständig meine Ziele, um etwas Verborgenes zu erreichen? Sorgen Sie in den wichtigen Bereichen für wirklich identische Ziele, dann wird der Wunsch nach Kontrolle geringer werden. Jeder weiß dann, dass der andere keine geheimen Dinge vorhat.

**◗ Die Grenzen kontrollieren**

Liebe heißt nicht: keine Grenzen haben und keine Grenzen brauchen. Liebe heißt: Grenzen erfragen und Grenzen respektieren. Weil sonst die Liebe ganz schnell verschwunden ist. Also sind Grenzen sehr wichtig für gute Beziehungen, und jeder darf darauf achten, sie nicht zu verletzen.

## NEGATIVE und POSITIVE Kontrolle in Beziehungen

**Negative Kontrolle** in Beziehungen bedeutet: Jemand will Sie und Ihr Leben kontrollieren, damit alles im grünen Bereich bleibt und er die mit der Beziehung verbundenen Vorteile nicht verliert. Er hat eine Vorstellung davon, was »gut« für ihn bedeutet, und will, dass Sie in der von ihm festgelegten Bandbreite spuren. Das wäre dann ein klarer Fall für Ihr »Nein«.

**Positive Kontrolle** bedeutet: Jemand versucht darauf zu achten, dass die Beziehung gut verläuft, damit Sie ihm nicht verloren gehen. Er versucht, eine Eskalation von Gefühlen zu verhindern, geht auf Sie ein, damit keine Knöpfe gedrückt werden, vermeidet Bevormundung und lässt Ihnen Ihre Freiheit. Er versucht immer auch, sich selbst zu kontrollieren, damit alles gut läuft. Das ist anerkennenswert, und darüber kann man durchaus reden.

**Das Problem ist:** Viele Menschen können mit jemandem, der versucht, eine Beziehung wirklich gut zu machen, gar nicht umgehen. »Der ist langweilig und wirkt immer so kontrolliert. Der fragt mich dauernd, was ich will und wie es mir geht. Von einer Beziehung erwarte ich mir Gefühle, die mich beleben.«
Manchmal erkennt man ein Goldstück nicht, weil man ständig nach Quecksilber schürft.

**Noch nicht lang her: vor 10 000 Jahren im Üegli-Tal**

»Hey, hast du gesehen, Urs hat gerade seine Höhle verlassen.«

*»Und Uri?«*

»Uri auch. Die haben ihre Speere dabei und tragen neue Fußfelle. Die gehen zusammen jagen.«

*»Das ist gut.«*

»Warum gut?«

*»Wenn die zurückkommen, werden die eine leere Höhle finden.«*

»Wieso, was hast du vor?«

*»Wir schnappen uns die Frauen und dann ab durch die Mitte.«*

»Du willst Urs und Uri die Frauen wegnehmen?«

*»Es sind gute Frauen.«*

»Klar sind es gute Frauen. Die Höhle sieht aus wie frisch poliert, das Feuer brennt Tag und Nacht, und sie haben Räucherfleisch bis zum Abwinken unter der Decke hängen.«

*»Siehst du, es ist ein guter Plan. Wir holen sie uns.«*

»Lüti, das geht nicht, das ist nicht unsere Höhle und nicht unser Fleisch. Und die Frauen gehören uns auch nicht.«

*»Im Moment noch nicht. Aber bald.«*

»Und was, wenn sie nicht wollen? Wenn sie sich wehren, ist das gegen das Steinzeitgesetz. Frauen sind nur dann anderen Höhlen zuzuordnen, wenn sie das ihrem freien Willen gemäß befürworten.«

*»Dann müssen wir eben besonders überzeugend sein, damit ihr freier Wille es befürwortet.«*

»Und wenn sie trotzdem Nein sagen?«

*»Alter, sieh uns beide doch mal an. Und nun sieh Urs und Uri an. Glaubst du im Ernst, dass die Frauen zu uns Nein sagen werden?«*
»Stimmt, einen Versuch ist es wert.«

**Die Gene stecken uns in den Steinzeitknochen**
Wir Menschen waren über eine extrem lange Zeit hinweg Jäger und Sammler. Darum ist der Impuls, sich verbotene oder schwer zu bekommende leckere Sachen zu holen, heute noch Teil unseres Unterbewusstseins. Wie wir im Kapitel »Holen Sie sich die Macht über Ihr Glück zurück« gesehen haben, verschafft besonders viel Aufwand am Ende auch besonders große Glücksgefühle. Manchmal hilft es, sich daran zu erinnern, den Jagdinstinkt auszuschalten, wenn er Schaden anrichten könnte.

## Holen Sie sich die POSITIVE Kontrolle über Ihre Beziehungen zurück

Ein Merkmal von langfristig unglücklichen Beziehungen ist es häufig, dass niemand etwas tut. Jeder lässt es, wie es ist – aus Angst, dass es noch schlechter als schlecht werden könnte. Stattdessen wird ignoriert, verdrängt, geklagt, beschuldigt, gestritten oder getrauert – in der Hoffnung, der Himmel würde es hören und einen Geheimagentenengel schicken, der mit einem Fingerschnipp das Paradies wieder herstellt. Das wäre auch wirklich schön, aber so ein Engel wäre wahrscheinlich für die nächsten fünf Millionen Jahre ausgelastet. Die Hoffnung, dass Abwarten es besser machen wird, ist in vielen Fällen einfach nicht die erste Wahl für ein gutes Leben.

Kontrolle bedeutet: Holen Sie die Verantwortung für Ihre Beziehung zu sich, egal was Sie bisher dachten und welche Argumente es gab. Wenn Sie nicht die Verantwortung übernehmen und der andere ebenfalls nicht, wer hat sie dann? Antwort: Ihre vertrauten Verhaltensmuster und automatischen Reflexe haben sie dann.

### Wo fängt das an, und wo hört es auf?

Sie tragen nicht die Verantwortung für den anderen und sein Verhalten. Das ist sein Beitrag. Nehmen Sie diesen Teil nicht an. Falls Sie ihn schon angenommen haben: Geben Sie dem anderen diesen Teil zurück. Es ist sein Job, seine Dinge in Ordnung zu halten. Falls er sich dafür interessiert, seine Dinge in Ordnung zu bringen, und nicht genau weiß wie, bieten Sie ihm Ihre partnerschaftliche Unterstützung an.

Falls er sich jedoch nicht interessiert, überlassen Sie ihm damit keinesfalls die Kontrolle über den weiteren Verlauf der Beziehung. »Ich kann ja nichts machen, mein Partner weigert sich.« Das gilt nicht. Werfen Sie diesen Gedanken unbedingt aus Ihrem Kopf, sonst kontrolliert der andere Sie weiterhin mit seinem »Hey, das geht mich nichts an, ich bin ja zufrieden mit dem, wie es ist«-Trick. Falls man nicht mit einer Puppe zusammenleben will, kann es einem unmöglich egal sein, wie es dem eigenen Partner in der Beziehung geht und was man selbst damit zu tun hat. Also: Puppen kann sich der andere künftig woanders holen.

### Wie Sie das Kontrollthema in den Griff bekommen

Ja, es ist in jedem von uns vorhanden. Wir möchten Risiken und Unsicherheiten und schlechte Gefühle in einer geschätzten Beziehung wirklich gerne klein halten. Und ja,

wenn man ein Affe ist und das letzte Dutzend Kokosnüsse auf der Insel besitzt, ist es eine evolutionsmäßig perfekte Idee, diese Nüsse extrem gut zu bewachen. Sonst sind sie eines Morgens weg, und man darf schnellstens Angeln lernen oder Muscheltauchen – oder muss leider sterben.
Aber Sie sind weder eine Kokosnuss noch der Affe und müssen deshalb weder bewacht werden noch etwas bewachen. Dennoch ist es wichtig zu erkennen, dass die Kokosnussgeschichte Teil unseres genetischen Programms ist und dass jemand gegen seinen Kontrolltrieb vielleicht wenig tun kann. Das Gefühl packt ihn und schreit in seinem Kopf: »Pass bloß echt gut auf, besonders auf die wichtigen Dinge, sonst hast du bald gar nichts mehr!«

### Was Sie in Wahrheit kontrollieren müssen

*Dieses Gefühl* ist der Teil, den Sie kontrollieren müssen. Nicht einen anderen Menschen, sondern das, was in Ihnen selbst nach oben kommt und diese Dinge tun will, von denen wir alle wissen, dass sie am Ende nicht gut ausgehen werden.

### Kontrolliere das Tier in dir – aber wie?

Eine wirklich gute Beziehung ist oft auch eine »philosophisch« gute Beziehung, in der es um Austausch, Wachstum und Erkenntnis geht. *Wie denkst du darüber? Darf man das tun? Was ist eigentlich gut und was nicht? Wie geht man mit dieser Sache gut um? Sag mal, ist das eigentlich gut, was wir hier machen?* Was sich schon Platon und seine Schüler in den Wandelgängen der Philosophischen Akademie im antiken Athen gefragt haben, ist eine hohe menschliche Entwicklungsstufe. Sie bringt uns das, was die Philosophen »das gute Leben« nannten.

Das Tier in uns interessiert das alles nicht. Es will Kontrolle über sein Revier und sein Rudel. Reflexartig, ohne Nachdenken. Der weiter entwickelte Mensch in uns hingegen will nicht reagieren müssen wie ein Reflexding. Aber das Reflexding ist noch immer in uns. Das macht unser Leben zwar spannend, aber auch so anstrengend.

Für die Lösung haben Sie Ihren freien Willen. Sie brauchen keine Technik zu erlernen, um aus den Kontrollreflexen herauszukommen. Beobachten Sie nur, wann der Affe in Ihnen oder dem anderen seine Kokosnuss bewachen will, wann der Lüti in Ihnen oder dem anderen dem Uri etwas klauen will oder was der Nerd in Ihnen oder dem anderen am liebsten mit seiner Kontroll-App überwachen würde. Beobachten Sie, wo das Kontrollmuster Sie an den Wickel bekommen will.

Und dann sagen Sie laut und hörbar zu diesem Muster: »Nein! Ich werde darauf nicht reagieren.«

Das klappt meistens sehr gut, denn jedes Muster ist in Wahrheit einfach nur eine feste Gedankenverknüpfung. So ein Gedankenmuster ist nicht Sie selbst. Es ist eher eine Art Miniperson, die immer etwas haben will oder etwas vermeiden will. Diese Miniperson reagiert auf klare Ansagen Ihres freien Willens. Das gibt Ihnen die Möglichkeit, einfach durch einen deutlich ausgesprochenen oder gedachten Beschluss eine spürbare Veränderung herbeizuführen. Sie holen sich also die Kontrolle zurück, indem Sie den Kontrollreflexen eine klare innere Absage erteilen.

## CHECKLISTE:
# Beziehungskontrolle zurückholen

- Ich bin einverstanden: Eine gewisse Kontrolle ist immer da, und das ist kein Problem.
- Ich lasse künftig nicht mehr zu, dass sich der Kontrolltrieb selbstständig machen möchte.
- Ich unterbinde jedes Kontrollieren bereits im Ansatz und bespreche es. Es zu dulden, hat nichts mit Liebe zu tun.
- Mein eigenes Verhalten ist klar und unmissverständlich. Nicht heute so und morgen anders. Dann muss der andere nicht herumstochern und braucht weniger zu kontrollieren.
- Ich informiere freiwillig und gerne. Der andere kann dann besser loslassen.
- Es ist mir wichtiger, mein eigenes Verhalten statt fremdes Verhalten zu kontrollieren. Der andere ist oft nur ein Spiegel des eigenen Themas.

# Holen Sie sich Ihre guten Gefühle zurück

*Gefühle zurückholen? Fliegen die etwa weg oder was?*

**Nein, aber sie sind ja mal da und mal nicht. Wo sind sie, wenn sie nicht da sind?**

*Stimmt schon, ich habe da einige gute Gefühle verloren, wenn ich auch nicht weiß, wo und wann und warum. Und so was kann ich zurückholen?*

**Jep!**

*Alleine?*

**Jo!**

*Na gut!*

Können Gefühle verloren gehen? Wo sind sie dann? Und kann man sie sich zurückholen? Was genau bedeutet: »Ich habe dir meine ganze Liebe gegeben.« Ist sie anschließend weg? Irgendetwas ist dran am Thema »Gefühle bekommen« und »Gefühle geben«. Also sehen wir uns das genauer an, vielleicht gibt es da etwas zurückzuholen.

## Wie »verliert« man ein gutes Gefühl?

Nehmen wir als Beispiel das Vertrauen. Sie haben einmal sehr vertraut, doch Ihr Vertrauen wurde enttäuscht. Nun können Sie nicht mehr vertrauen. Sie denken logischerweise: »Mein Vertrauen ist verschwunden.« Aber stimmt das wirklich? Was ist ganz genau in Ihnen geschehen? Was fühlen Sie heute in einer Situation, in der Sie früher vertraut haben?

Entweder Misstrauen. Oder Wut. Oder Enttäuschung. Oder Leere. Was auch immer Sie heute in so einer Situation erleben, ist ein »anderes Gefühl«. Dieses andere Gefühl hat den Platz eingenommen, den zuvor das Vertrauen hatte. Es hat sich sozusagen als neues Programm darüberinstalliert.

In Wahrheit haben Sie Ihr Vertrauen nie verloren, denn Sie wissen ganz genau, wie es sich anfühlt. Es ist noch in Ihnen. Das neue Gefühl hat es nur zugedeckt, mit dem Ellbogen zur Seite gekickt oder in den Keller gesperrt. Das ist ein Riesenunterschied, denn wenn Sie glauben, Sie hätten Vertrauen oder Liebe oder Zuversicht *verloren*, werden Sie ständig *danach suchen*. Falls das gute Gefühl nicht wieder auftaucht, denkt Ihr Verstand: »Oh, ich habe es verloren.« Stimmt aber nicht. Es ist nur übermalt. Also entfernen Sie die schlechte Farbe, das schlechte Gefühl. Das haben Sie viel besser unter Kontrolle, als das Vertrauen zurückzuholen. Ihr freier Wille ermöglicht es Ihnen tatsächlich per Entscheidung, ein Misstrauen »über Bord zu werfen«. Und als Folge kommt ein Stück Vertrauen zurück. Obwohl Sie das gar nicht gesucht haben.

*Kümmern Sie sich nicht um das verloren*
*gegangene gute Gefühl.*
*Kümmern Sie sich um das neue schlechte Gefühl.*
*Das ist das Problem.*

### Wie »bekommt« man ein schlechtes Gefühl?

Das neue ungute Gefühl kam entweder in Ihre Gefühlswelt, weil es Ihnen jemand eingepflanzt hat oder weil Sie es sich selbst installiert haben.

Zum Beispiel kann Ihnen jemand etwas einreden. *Du bist einfach noch nicht weit genug. Du kannst nun mal nicht wirklich lieben. Du wirst nie völlig gesund werden. Du bist einfach zu dumm.* Und so weiter. Mit einem einzigen Satz kann Ihnen jemand ein Gefühl einbrennen, das Sie Ihr Leben lang nicht mehr loslässt. Dieser Satz kann ganz und gar falsch sein. Dennoch wirkt er. Weil es nicht um die Wahrheit des Satzes geht, sondern um Ihren Glauben an die Person, die ihn spricht. Wenn Sie dem anderen glauben, installieren Sie das schlechte Gefühl in sich selbst.

### So demontieren Sie die Quelle für ein schlechtes Gefühl

Der schwierige Weg, das Gefühl wieder loszuwerden, wäre es zu versuchen, den Satz aus Ihrem Kopf zu streichen, ihn zu bekämpfen oder sich selbst unablässig das Gegenteil zu beweisen. Wie anstrengend ist das denn? Demontieren Sie stattdessen den *Glauben an die Wahrheit der Person.* Machen Sie die Person in Ihren Gedanken buchstäblich unglaubwürdig.

*Woher will der das wissen? Er hat selbst alles Mögliche in seinem Leben falsch gemacht und eine Menge Dinge nicht mal annähernd erreicht. Hellseher ist er ebenfalls nicht. So ein Sprüchemacher. Warum sollte ein Urteil von jemandem, der es selbst nicht auf die Reihe bekommt, plötzlich wahr sein?*

Suchen Sie möglichst viele Belege dafür, dass die Quelle fehlerhaft ist. Damit verliert auch die Aussage dieser Quelle stark an Wirkung über Sie.

## Wie gewinnt man ein gutes Gefühl zurück?

Wie gesagt, gewinnen Sie in Wahrheit nicht Ihr gutes Gefühl zurück, Sie befreien es nur von der Last eines schlechten Gefühls. Und das geht so:

## Von anderen eingepflanzte schlechte Gefühle auflösen

Falls das schlechte Gefühl von einer fremden Person in Sie gesetzt (projiziert) wurde, nehmen Sie alle Sätze, die diese Person jemals zu Ihnen gesagt hat, um dieses Gefühl auszulösen. Und schießen Sie das alles zusammen auf den Mond oder sonst wohin. Wenn Ihnen Mondreisen nicht liegen, schreiben Sie alle Sprüche der betreffenden Person Ihnen gegenüber auf. Sie werden merken: Es ist immer nur ein sich wiederholendes Dutzend hohler Behauptungen. Streichen Sie jeden einzelnen Satz dick rot durch, und schreiben Sie wie ein Lehrer daneben: *So ein Quatsch. Keinerlei Belege! Themaverfehlung. Von sich selbst auf andere geschlossen. Überheblichkeitsbehauptung.* Und so weiter. Lassen Sie Ihre Wut und Enttäuschung heraus, und korrigieren Sie die miserablen Behauptungen der Person über Sie.

Geben Sie dem Ganzen abschließend eine Schulnote, und wenn Sie wollen, schreiben Sie darunter einen Lehrerkommentar: *Der Schüler hat sich offenbar bemüht, miserable Gedanken in eine Person zu pflanzen, aber das Thema völlig verfehlt.* Genießen Sie dieses Ritual von ganzem Herzen. Falls Sie Lust haben und es Ihnen gerade passt, sagen oder schreiben Sie dem anderen, dass er Ihnen mit diesem ganzen Blödsinn an haltlosen Behauptungen mal den Buckel runterrutschen kann. Ihre Wut ist in diesem Fall Ihre wirklich positive Kraft, um sich von solchen fremden Gefühlsprojektionen zu befreien.

**Selbst gemachte schlechte Gefühle auflösen**

Falls das schlechte Gefühl von Ihnen selbst installiert wurde, überlegen Sie, ob dieses Gefühl wirklich berechtigt ist. Es könnte sein, dass Sie einen hohen Anspruch an sich selbst gestellt haben und nun schlecht drauf sind, weil Sie es wieder einmal nicht geschafft haben, Ihren Anforderungen an sich selbst zu genügen. Aber woher kommt denn dieser ewige innere Drang, an sich selbst so hohe Ansprüche zu stellen? Wer hat denn früher immer so hohe Erwartungen an Sie gehabt? Das ist die Person, die diesen Anspruch in Ihnen aktiviert hat.

Machen Sie mit dieser Person genau dasselbe, und schicken Sie die Anforderungen an den Absender zurück. In Wahrheit kann es Ihnen hier und heute komplett egal sein, was andere ständig von Ihnen erwartet haben. Wer braucht schon fremde Erwartungen im Leben? Niemand. Und wer braucht freundliche Gesichter, wenn sie nur deshalb freundlich sind, weil man eine Erwartung erfüllt hat? Niemand. Wahre Freundschaft und Liebe kennen keine Anforderungen.

## Lassen Sie die Gedanken wanken: Sie müssen gar nichts! Sie dürfen alles!

Weil bestimmte Gedanken Gefühle auslösen, die Ihnen das Leben schwer machen, haben Sie ein ideales Werkzeug in der Hand, um sich Ihre guten Gefühle wieder ins Leben zu holen: Werfen Sie den ganzen Unfug einzeln raus. Nennen Sie die »Voldemorts« in Ihrem Kopf beim Namen. Brechen Sie für einen Moment alle Regeln über angebliches »Gutsein«, und prüfen Sie, ob irgendwo ein echter Unsinn ausgemistet werden kann.

**Hier eine kurze Sammlung von »Ich muss«-Unfug**

- **»Ich muss meine Eltern lieben und achten.«** Sehr beliebt und wahrscheinlich von Eltern erfunden. Erstens: Warum muss immer das Kind nachgeben und sich anpassen? Sind die Kinder weniger wert als die Erwachsenen? Zweitens: Wo steht geschrieben, dass eine Beziehung »gut« sein muss? Dann ist sie es eben nicht. Auch egal! Beziehungen ergeben sich aus den Gefühlen, die Menschen von selbst füreinander empfinden. Falls Sie eines Tages keine Gefühle mehr schauspielern, könnte es die Beziehung verändern. Ganz genau! Eltern könnten sauer werden. Ist dann halt so. Wenn jemand glaubt, genug Zeit und Kraft zu haben, um sein Kind emotional in die Knie zu zwingen, darf er das ja gerne ausprobieren. Ist ja auch eine Art Hobby. Aber eben nicht Ihres. Wenn Versöhnen nicht geht und wenn eine »gute Beziehung« auch nicht geht, dann ist das einfach nur die Wahrheit. Nehmen Sie diese Wahrheit an, und holen Sie sich diesen Teil Ihres Lebens zurück.
- **»Ich muss lernen zu vergeben.«** Nein. Das ist eine spirituelle Superfalle, denn es gibt eine Menge richtig mieser Handlungen, bei denen Vergeben einfach unmöglich ist. Solange Sie es dennoch versuchen, werden Sie ein schlechtes Gewissen und Gefühle von Unzulänglichkeit haben. Vergeben geschieht in Wahrheit von selbst. Durch Zeit und Abstand und Erkenntnis und Wachstum. Und falls nicht, dann ist es ebenfalls fein. Lassen Sie sich durch den Vergeben-müssen-Druck nicht irremachen. Es reicht schon, wenn Ihnen etwas egal wird. Mit dieser Haltung lebt es sich prima.
- **»Ich muss mein Kind lieben.«** Noch so ein Satz voller Leid und Probleme, weil es gesellschaftlich als Norm gilt,

Kinder zu lieben. Eine Mutter ist angeblich nur dann gut, wenn sie auch Liebe für ihr Kind empfindet. Stimmt das? Nein. Es gibt hervorragende Mütter, die ihr Kind sehr gut und respektvoll und mit menschlicher Nähe großziehen, aber immer ein persönliches Problem mit der Liebe haben. Vielleicht ist das Kind ein Unfall oder ein Problemkind oder auf der Seite des getrennten Partners. All das sorgt dafür, dass die Mutter es nur schwer oder gar nicht lieben kann. Das ist völlig in Ordnung. Man kann Liebe nicht »machen«, also kann man auch von niemandem verlangen, er sollte das »tun«. Und, hallo, ihr Kinder: Verlangt von euren Eltern nicht mehr Liebe! Wie sollen sie das denn machen, wenn nicht so viel Liebe da ist? Und prüft mal nach: Könnt ihr das denn umgekehrt erfüllen?

- **»Ich muss mein Versprechen halten.«** Solange alle Umstände jetzt noch genauso sind wie zum Zeitpunkt des Versprechens, wäre es für das Gewissen eine gute Sache, ein Versprechen zu halten. Aber die anderen Kaliber wie zum Beispiel »Ich werde immer für dich sorgen!« sind heute ein Versprechen, weil Sie sich heute über alles lieben. Aber müssen Sie auch noch immer für den anderen sorgen, wenn Sie ihn nicht mehr lieben oder wenn er jemand anderen liebt? Wenn er Sie betrogen hat? Wenn Sie sich völlig auseinandergelebt haben? Sind Sie dann auch noch an Ihr Versprechen gebunden? Wenn es einfach nicht geht oder wenn sich Gegebenheiten verändert haben, passt auch das Versprechen nicht mehr. Dann muss man einen Weg finden, das Versprechen ehrenhaft zu beenden. Ein Versprechen unehrenhaft aufzulösen, erzeugt hingegen mieses Karma. Also lieber Finger weg von allen »leiden sollst du«-Ideen.

**Und hier ein wenig »Ich darf nicht«-Unsinn**

- **»Ich darf nicht hassen.«** Ach ja? Und wenn er aber einfach da ist, der Hass? Was dann? Darf es auch nicht regnen, obwohl es regnet? Natürlich dürfen Sie das. Wenn Sie den Hass einsperren, ist er ja auch nicht besser oder geringer. Oft ist nur das ungute Wort »Hass« ein Problem. Also löschen Sie es aus Ihrem Sprachgebrauch, und nennen Sie es zum Beispiel »deutliche Abneigung«. Das dürfen Sie immer spüren.
- **»Ich darf nicht wütend sein.«** Oh nein, weil Heilige ja niemals wütend sind und weil ja auch Jesus nicht mit einer Peitsche die Geldwechsler aus dem Tempel verjagt hat. Niiiieeee darf man wütend sein, wenn man heilig werden will. So ein Unsinn. Seien Sie ehrlich mit Ihren Gefühlen, dann sind Sie heiliger als die meisten da draußen.
- **»Ich darf nicht lieben.«** Klar, das geht natürlich auf keinen Fall, besonders nicht, wenn die Liebe nicht erwidert wird. Weil es dann wehtut und alles immer schlimmer wird. Und das nur deshalb, weil Sie geliebt haben. Die beste Lösung für alle Zeiten lautet selbstverständlich: nicht mehr zu lieben, damit das nie wieder passiert … Aber Spaß beiseite. »Ich darf nicht lieben« gehört zu den beliebtesten Unsinns-Sätzen im Beziehungsuniversum. Sie dürfen immer und zu jeder Zeit alles und jeden lieben, das ist niemals ein Problem. Ein Problem sind enttäuschte Erwartungen. Ein Problem ist es, wenn Sie etwas von jemandem haben wollen und es nicht bekommen. Ja, das kann sehr schmerzhaft sein. Aber es hat nichts mit der Liebe in Ihnen zu tun. Die Liebe darf sich weiter durch Sie hindurch und aus Ihnen heraus ergießen und neue Wege suchen.

## Die Befreiung von Gefühlsillusionen

Eine Gefühlsillusion ist eine Hoffnung oder eine Wunschvorstellung, die man so intensiv pflegt, dass sie einem wie eine Art Wirklichkeit erscheint. Einfach gesagt, ist es ungefähr so:

☞ ☞ ☞

*A) einen Wunsch haben + B) ihn sich dauernd vorstellen = C) eine virtuelle Welt*

☞ ☞ ☞

Virtuelle Welten sind nicht real. Sie können aber real werden und sind somit ein guter Beginn, um etwas zu erreichen. Auch beim Thema »Beziehungen« entwickeln viele Menschen ihre persönlichen Träume oder Wunschvorstellungen davon, »wie es sich anfühlen soll«. Das ist prima, weil es Motivation und Richtung gibt. Gleichzeitig sollte man hier ganz besonders hinsehen, weil es eine Art magischen Punkt gibt, der wie ein Kippschalter darüber entscheidet, ob aus einem Kennenlernen eine stabile und erfüllende Partnerschaft werden kann.

### Der magische Kippschalter in Beziehungen

Wenn Sie sich einen Partner wünschen, sind Sie automatisch immer im Bereich einer Illusion, denn er ist ja noch nicht da. Viel von dieser Illusion hat damit zu tun, wie es sich anfühlen soll. Wie Sie sich selbst mit Ihrem Partner zusammen fühlen wollen. So eine Vision ist sehr gut, denn sie ist Ihr Magnet, um den anderen anzuziehen, ihn zu erkennen und zu erwählen, wenn er vor Ihnen steht.

**Sie haben eine Vision davon, wie es sich *zu Beginn* anfühlen soll? Sehr gut, das ist der Magnet!**

Nun sind Sie also zusammen, und nach einer Weile beginnt das, was man »Beziehung« nennt. Oder Beziehungsalltag. Falls Sie zuvor ein Bild davon hatten, wie sich das Leben anfühlen soll, und Sie an diesem Bild weiter festhalten und der Alltag dieses Bild nicht erfüllt, haben Sie ein Problem. Denn wenn sich ein Partner sehr wünscht, dass der andere Partner in ihm bestimmte Gefühle auslösen soll, hat der andere auf Dauer fast schon verloren. Gefühle werden von so vielen Umständen ausgelöst, auf die der andere gar keinen Einfluss hat, dass es ihm nie gelingen wird, diese Art von Wunschbeziehung zu erschaffen. Oder es wird für ihn sehr anstrengend, und er braucht immer mehr Pausen und Abstand.

**Sie haben eine Vision davon, wie es sich *auf Dauer* anfühlen soll? Nicht gut, das ist eine Wunschwelt.**

Oft wird etwas erst dadurch zum Problem, dass man es möglichst oft oder »auf Dauer« haben will. Denn die Gefühle machen meistens, was sie wollen. Oft machen sie jeden Tag oder jede Stunde etwas anderes. Holen Sie sich Ihre Gefühlswünsche gegenüber dem anderen zurück. Beschäftigen Sie sich damit, wie Sie jeden Tag eine gute, würdevolle, liebevolle und achtsame Beziehung hinbekommen. Das ist bereits ein sehr großes Glück. Dann leben Sie im Jetzt und bekommen auch die Gefühlsbelohnungen vom Leben im Jetzt. Zudem befreien Sie sich und den anderen davon, an einer virtuellen Beziehungsidee gemessen zu werden.

## Gefühlsfischer und wie Sie aus deren Netz entkommen

Wie sich ein Mensch fühlt, den wir mal kannten oder noch kennen oder glauben zu kennen, findet ein Teil von uns ziemlich wichtig. Nicht nur aus Mitgefühl, Verbundenheit, Fürsorge und Anteilnahme. Dazu kommt noch etwas viel »Archaischeres«: Das entwicklungsgeschichtliche Erbe in unseren Zellen will schnellstens herausbekommen, ob in unserem unmittelbaren Umfeld alles okay ist, und das macht es mittels guten bzw. schlechten Gefühlen:
»Du, ich fühl mich echt schlecht, weil da hinten, glaub ich, hundertachtzig fremde Krieger kommen, die bereits unseren Nachbarstamm plattgemacht haben, und es fühlt sich zusätzlich schlecht an wegen diesem Ding … Hier, guck mal, der Pfeil in meinem Rücken …«
Oder: »Hey, Leute, ich mach Schluss für heute, weil ich mich echt übel fühle, seit ich dieses Mammutschnitzel von vorgestern zusammen mit den lila Yogibären von letzter Woche gegessen habe.«
Wie sich jemand fühlt, ist für unseren Vorfahren-Wildnis-Hirnteil von enormer Bedeutung. Darum können wir nicht so einfach weggucken. Darum sind wir eigentlich ungeheuer neugierig, wie es dem anderen wohl geht. Und nun kommen Facebook und WhatsApp und das alles, unsere unermüdlichen Kundschafter und Berichterstatter, die ständig Ausschau halten und immer darüber auf dem Laufenden sind, wie sich andere fühlen. Da kann sich unser Steinzeit-Gehirnteil den ganzen Tag darüber informieren, wie es aktuellen oder ehemaligen Stammesmitgliedern geht. Super, alles im Blick.

Das ist alles in Ordnung, solange es Ihnen nicht Ihre guten Gefühle stiehlt. Aber das passiert leider oft und geht zum Beispiel so:

Martha hat 27 online verlinkte Freundinnen, Freunde und Bekannte. Das ist nicht sehr viel, andere haben ein Mehrfaches, aber Martha wählt gut aus.
Es geht auf Silvester zu, und Martha bekommt eine Erkältung, die sie letztlich sogar ins Bett zwingt. Verstrubbelt, mit roter Nase und kleinen Augen schießt sie ein halb unscharfes Selfie, das sie in einem bejammernswerten Zustand zeigt: »Silvester und ich so! 40 Grad Fieber, Schüttelfrost.«
Von ihren 27 Online-Bekannten antworten fünfzehn mit aufmunternden GIFs, Besserungswünschen und einige davon sogar mit Selbstanzeigen wie »Du Arme. Ich auch. Schnief!«
So weit ist es ein ganz normaler Tag mit einem ganz normalen Post im Web.
Legen wir kurz eine Lupe drauf und sehen uns Katja an. Katja kennt Martha über eine frühere gemeinsame Arbeitsstelle. Sie findet, dass Martha attraktiv aussieht, und stellt sich vor, wie sie ständig von Männern angemacht wird, während Katja selbst seit zwei Jahren nicht mal ein nennenswertes Date hatte. Nun sieht sie das Foto von Martha, die sich mit zerwühlten Haaren und roter Nase lasziv im Bett räkelt – die Kamera zum Selfie in die Luft gereckt, eine Schulter frei vom verrutschten Nachthemd – und damit bestimmt bei hundert Männern Fantasien weckt.
Aber, so denkt Katja, das ist bestimmt Unsinn, denn Martha hat ja gar keine hundert Männer im Freundeskreis verlinkt. Dennoch liest Katja die Genesungswünsche, von

denen gut die Hälfte von Männern ist. Sie geht rein interessehalber der Frage nach, welche Männer denn so auf ein ungewaschenes Martha-Bettbild abfahren. Gleichzeitig hasst sich Katja für ihre Neugier.
Nach einer guten Viertelstunde klappt sie ihr Notebook zu und ist wütend und traurig zugleich. Sie überlegt, Martha aus der Liste zu werfen, damit sie derart blödsinnige Posts nicht mehr lesen muss. Und vor allem nicht mehr darüber nachdenken muss.
Das alles war sachlich gesehen komplett überflüssig und sinnlos. Es hat Katjas Leben keine Sekunde lang bereichert. Im Gegenteil hat es Zeit gekostet und schlechte Stimmung erzeugt, die sogar noch eine Weile nachwirkt.

Und nun: Lupe auf Martha.
Sie fragen sich vielleicht, warum jemand ein Bild von sich postet, krank im Bett, sodass alle Welt es sehen und weiterleiten kann. Wen interessiert das, oder wen soll das interessieren? Welchen Nutzen hat sie davon, und was will sie letztlich erreichen?
Die Antwort lautet: Die Bilder und Texte sollen bei den Empfängern Gefühle auslösen. Die Sachinformation ist praktisch wertlos. Niemand kann in seinem Leben etwas mit der Information anfangen, dass Martha Schnupfen hat und ihr das nicht gefällt. Martha sammelt Mitgefühl ein. Sie bringt fünfzehn Leute dazu, sie anzusehen, über sie nachzudenken, sich eine Meinung zu bilden und eine Bemerkung zu tippen. Und zu fühlen.
Doch nicht in jedem Empfänger erzeugt das gute Gefühle. Katja zum Beispiel hatte eben diese ziemlich miese Viertelstunde. Nur weil »diese Kuh es nicht lassen kann, Selfies aus dem Bett zu posten«.

### Die Befreiung von Gefühlsfischern

Wenn Sie sich immer mehr von Ihrem Leben zurückholen wollen, sollten Sie solche Abläufe gut beobachten. Wichtig ist nicht, was ein anderer macht, wichtig ist, was es mit Ihnen macht. Es mag schon sein, dass Sie dies und das beim Anblick der Message »nicht denken sollten«. Aber Ihr Gehirn denkt es trotzdem, und Ihre Gefühle fühlen es. Dieses Ergebnis belastet einige Momente Ihres Lebens. Für gar nichts. Das müssen Sie nicht einfach akzeptieren. Sie können es verändern.

**Kurz und gut!**

- Jeden Tag reden wir mit anderen Menschen über Dinge, die sachlich gesehen eigentlich egal wären. Aber neben der Übertragung von Informationen geschieht etwas, das uns das Gefühl gibt, am Leben und mit anderen verbunden zu sein: Gefühle.
- Kommunikation bedeutet also: »Menschen wollen bei anderen Menschen Gefühle auslösen.«
- Wenn andere in Ihnen Gefühle auslösen, die nicht gut sind, überlegen Sie, ob Sie sich das antun müssen und ob Sie unwissend, aber dafür innerlich frei nicht besser dran wären. »Ich will das alles gar nicht wissen« ist manchmal die beste Einstellung.

## Die Sucht nach der ganzen Geschichte oder wie unsere Gedanken in die Falle gesaugt werden

Was war denn das schon wieder heute Morgen in der Huffels Post:

*Königin Pixi hat jetzt kurze Haare. Aber es ist anders, als Sie denken.*

Wieso denn »anders, als ich denke«?
Woher will der Schreiber denn wissen, was ich gerade denke? Ist der überheblich, der Typ. So eine Frechheit.
Und was genau sollte ich denn über die Frisur von Königin Pixi denken? Komisch, auch wenn ich genauer darüber nachdenke, denke ich gar nichts über diese Frisur. Absolut nichts! Hey, ich lass mich doch nicht ver***. Ich werde das nicht lesen. So ein Blödsinn.
Mal sehen, was es Gescheiteres gibt.
*Junge Frau bringt ihren geliebten Hund selbst um. Aus einem guten Grund.*
Was kann denn schon ein »guter Grund« dafür sein, sein geliebtes Haustier zu ermorden? Da bin ich mal gespannt, wie die in dieser Argumentation die Kurve kriegen wollen. Ein Video! So ein Dreck! Ich will wissen, wie sie diesen Hund umgebracht hat, und muss jetzt erst noch angucken, wie so ein dämlicher Geländewagen durch den Schnee rast. Das ist dermaßen nervig.
So, da ist also der Hund. Ach, schon wieder ein Twitter-Foto. Aus Australien. Wieso braucht man eigentlich für einen simplen Twitter-Screenshot ein Video mit vierzig Sekunden? Frechheit, echt. Ach, sieh mal, das dachte ich mir. Der Hund war schon praktisch tot, weil er von einem Skorpion gebissen wurde. Sie hat keinen Arzt gerufen, weil der drei Stunden zu ihr braucht. Und mit dieser Entscheidung hat sie ihn sozusagen angeblich umgebracht. Aber das ist doch kein wirkliches Umbringen. Oh, Mann!

Haben Sie so etwas in der Art auch schon erlebt? Das ist die Technik, mit der man an Ihre Emotionen will. Und wozu braucht man Ihre Emotionen? Weil man »Traffic« braucht: Verweildauer in Sekunden mal Anzahl der Einzel-

klicks. So wird Web-Erfolg gemessen, und das bedeutet Geld, Macht und Ruhm für das Medium. Und das wiederum bedeutet Überleben für das Medium.
Also sind die Medien leider gezwungen, einen wirklichen Spagat zwischen einer sachlichen Berichterstattung und einem Emotions-Fischereibetrieb hinzubekommen. Das ist keine leichte Aufgabe für die Redakteure, und das machen sie nicht wirklich gerne. Aber wenn die Geländewagenfirma einen Schneegestöber-Clip schaltet, bezahlt sie nach Zugriffen. Also muss man alles tun, damit auch SIE zugreifen und möglichst lange dort verweilen. Egal ob Sie etwas kaufen, Hauptsache, sie bleiben stehen und gucken. Deshalb also die reißerischen Artikel.
Genau dort geht Ihnen Ihr Leben verloren. Zu lange, zu unnötig, zu viel. Und verbunden mit zu viel Ärger. Für gar nichts.

### Wie der Gefühlshaken genau angelegt wird

Unser Gehirn hat ein wirklich riesiges Bedürfnis, zu einer angedeuteten Neuigkeit die ganze Story zu erfahren. Weil die »ganze Geschichte« zu etwas Neuem früher überlebenswichtig war. Dieser uralte Reflex lebt auch heute noch in fast jedem von uns. Wir wollen nicht vom Geruch angelockt werden und dann kein Stück vom Braten abbekommen. Oder vom Maiskolben, falls Sie Veganer sind. Wenn wir schon versehentlich hinsehen und in der Überschrift ein Problem erkennen, wollen wir das ganze Ding am Ende auch ohne Schleier sehen können. Das ist unser Haken. Dort kann man uns kriegen. Unser Gehirn ist zwar immer stärker abgelenkt, und wir werden immer besser im Weggucken, aber der Reflex, dass wir auf Probleme und Widersprüche in unserer Umgebung achten, funktioniert auch

unter Stress noch. Also braucht die Meldung bereits in der Überschrift ein Problem oder einen Widerspruch. Zum Beispiel die Behauptung, dass es anders ist, als wir denken.
*Hey, Tatok, du denkst bestimmt, diese Nacht ist alles sicher vor deiner Höhle. Aber es ist anders, als du denkst.*
Wenn etwas widersinnig klingt, will unser Gehirn diese Spannung nicht so stehen lassen. Es will eine Erlösung erleben. Wir wollen wirklich wissen, wie die Geschichte endet, damit sie uns in Ruhe lässt.
*Hey, Uruk, was sagst du da? Was weißt du, was ich nicht weiß? Los, raus damit!*
Genau damit werden wir gefischt. Viele Überschriften in den Online-Medien legen es darauf an, in Ihnen ein *Konfliktgefühl* (»hier stimmt doch was nicht«) und ein *Mangelgefühl* (»ich will das Ende wissen«) zu erzeugen. Beides können Sie nur beseitigen, wenn Sie den Beitrag anklicken oder das Video mit der Werbung davor ansehen. Um dann festzustellen, dass es entweder gar nicht stimmt oder maximal belanglos war.
Dabei ist es nahezu egal, um welches Thema es geht. Ihr Gehirn reagiert auf den Problem-da-draußen-Reiz immer gleich. Deshalb sehen Sie plötzlich doch noch nach, was es mit der neuen Frisur von Königin Pixi auf sich hat. Sie wollen nicht mit unerlösten Gefühlen aus der Meldung gehen.
Falls Sie diesem Mechanismus immer wieder und wieder folgen, lernt ihr Gehirn den Zusammenhang, dass »widersprüchlicher Unsinn« am Ende zu »befreiender Auflösung« führt. Es wird, ohne dass Sie es wollen, darauf konditioniert, bis diese Verbindung stabil steht. Und dann ist Ihr Gehirn abhängig von dem Erlösungsgefühl, das sich am Ende der Meldung einstellt.

Sie können prüfen, ob die Konditionierung in Ihrem Fall bereits greift, wenn Sie sich dabei beobachten, ob Sie solche Aufreißer-Meldungen lesen wollen oder nicht und ob Sie es letztlich tun, auch wenn Sie es eigentlich nicht wollen. Wenn Sie es tun, obwohl Sie sich anschließend darüber ärgern, greift die emotionale Konditionierung bereits.

**Erlösen Sie sich selbst: Befreien Sie sich von der verborgenen Sucht nach der ganzen Geschichte**

Falls Sie feststellen, dass Sie diese Sucht immer wieder ärgert und dass sie Sie Zeit und Lebensfreude kostet, spucken Sie den Haken aus. Es ist egal, ob Sie dies oder das nicht gedacht hätten oder wo die ganze Wahrheit über dies und jenes versteckt ist oder was das Netz mit diesem oder jenem gerade macht. Diese Sachen sind schon alt, wenn Sie sie lesen, und sie haben für Ihr Leben keinerlei Bedeutung, außer eben aus Ihnen einen Kurzzeit-Mini-Glücksgefühl-Junkie zu machen.

Lesen Sie stattdessen Magazine oder Zeitungen, die diese Methode nicht anwenden. Sie erkennen es daran, dass Sie beim Lesen innerlich ruhig und entspannt bleiben und nicht auf einer ständigen Suche nach der nächsten Meldung sind. Informationen zu erhalten, ohne an den Haken zu kommen, kostet vielleicht etwas Geld, weil es weniger »Junkies« erzeugt und damit weniger Werbung in deren Köpfe schmuggeln kann. Aber für Ihr Gehirn ist es wirklich wertvoll, sich von dieser Sucht loszusagen.

Es gibt übrigens auch Menschentypen, die diese Methode einsetzen. Sie triggern Ihre Gefühle so dezent, dass Sie erst mal gar nicht merken, wie Sie anbeißen. Sie erfahren immer nur einen Bruchteil einer Wahrheit. Da ist dieser Wissende, dieser geheimnisvolle Mensch, die Wunderlampe voller Überraschungen. Und plötzlich haben Sie das Gefühl, den anderen zu lieben, wenn er Ihnen nur schon ein kleines Stück mehr von einer begehrten Information oder Lösung verrät.

## Der verborgene Trommler Ihrer Gefühle

Erinnern Sie sich noch daran, was Sie als Kind oder Jugendlicher im Fernsehen echt begeistert hat? Sehen Sie sich heute mal in Ruhe eine Folge von einer Serie an, die Sie vor zwanzig oder dreißig Jahren geliebt haben und spannend fanden. Wie lange halten Sie das heute noch aus? Was fragen Sie sich heute, wenn Sie das sehen? »Wie konnte ich das nur spannend finden? Das ist ja zum Gähnen.«
Gut, und nun bleiben wir kurz dran und analysieren, was genau sich gegenüber früher verändert hat. Achten Sie auf Geschwindigkeit und Gefühlsintensität. Damals war alles viel langsamer, viel harmloser und viel unbedeutender. Manchmal fast schon albern aus heutiger Sicht. Dennoch erschien es damals allen superspannend. Daran können wir ablesen, dass sich im Lauf der Zeit zwei Dinge stark verändert haben:

**A) Die Art, einen Film zu machen, hat sich verändert**
Christopher Vogler ist in Hollywood eine Art Papst für Drehbuchschreiber. Von ihm stammt das Werk »The Writer's Journey«, das seit vielen Jahren die Bibel für Filmemacher ist. Im Sommer 2015 erklärte er auf einem Kongress in Hollywood, worin die Essenz besteht, einen guten Film zu machen: »Unser Publikum sind die Junkies, und wir liefern die Drogen. Gefühle sind der wahre Grund,

warum jemand einen Film sieht. Wir liefern sie, das ist unsere Aufgabe.«
Das ist wunderbar bildlich ausgedrückt. Gleichzeitig muss – wie bei Drogen üblich – die Dosis kontinuierlich steigen, damit die Wirkung auf die Gefühle erhalten bleibt. Und das ist der Grund, warum alles ständig schneller und intensiver wird. Natürlich ist es wichtig und nicht verwerflich, sich daran zu halten, wenn man einen erfolgreichen Film machen will. Aber Sie als Konsument befinden sich am anderen Ende der Wirkungskette. Sie hängen gefühlsmäßig am Haken.

**B) Sie haben sich verändert**

Was in der Welt um Sie herum geschieht, verändert auch Sie Stück für Stück unmerklich. Sie werden nervöser, genervter und unkonzentrierter und sind vielleicht stärker als früher auf der Suche nach schnellen Emotionskicks. Der Takt im Außen wird ständig lauter und schneller, und der Takt in Ihrem Inneren versucht, sich dem anzupassen. Zumindest wäre das normal.
Und nun die für Ihr Leben wichtige Erkenntnis: Ihr Unterbewusstsein erwartet heute unbedingt »mehr, schneller, krasser, intensiver«. Weil alles um Sie herum ständig »den Takt erhöht«. Ihre Reizschwelle liegt heute höher als damals, einerseits natürlich deshalb, weil Sie sich immer mehr abschirmen müssen, und andererseits, weil unser innerer Gefühlsjunkie immer bessere Drogen haben will. Also wollen wir immer krassere Dinge sehen, hören, lesen. Damit der Junkie in uns immer schneller urteilen, liken, lieben, ablehnen, sich aufregen oder sich ärgern kann.

☞☞☞

*Unser Verstand ist es gewöhnt, sich die Reize zu holen, die er braucht, damit die Gefühle aktiviert werden, die er will.*

☞☞☞

**Was der verborgene Trommler mit unseren Beziehungen macht**

Wenn Sie das Gesetz der Takterhöhung auf (beginnende) Partnerschaften anwenden, so erwartet unser Unterbewusstsein von einem möglichen Partner heute: »mehr, schneller, krasser, intensiver«. Ihr Verstand denkt das natürlich nicht. Sobald Sie nachdenken, wissen Sie, dass das nicht gut ist und auch nicht funktionieren kann. Aber Ihr Unterbewusstsein kann nicht nachdenken. Es ist »mehr, schneller, krasser, intensiver« einfach gewöhnt. Es aktiviert unter einer bestimmten Schwelle kaum noch Gefühle.

Und plötzlich könnten Sie feststellen, dass es lange dauert, bis jemand etwas in Ihnen berührt. Und dass es schnell gehen kann, bis es Sie irgendwie langweilt oder nervt. Und dass Sie häufiger und mehr Freiraum brauchen, weil die Beziehung sonst Ihren Schutzschirm bedroht. Der andere könnte in Zeitnot und Zugzwang kommen, weil er denkt: »Ich muss echt Gas geben, damit ich sie bzw. ihn emotional erreiche. Ich brauche schnell eine Zustimmung, damit ich Erfolgsgefühle bekomme.«

Wenn unsere Emotionen ständig weiter hochgetaktet werden, dann werden auch unsere unterbewussten Gefühlserwartungen an Beziehungspartner, an Arbeitsstellen, an Produktneuheiten oder an Filme und Bücher dauernd hochgetaktet. Und die Erwartungen an uns selbst. Aber das ist eine Falle, denn wir sind nicht beliebig hoch taktbar.

### Holen Sie sich Ihren Takt zurück

Die Medienwelt hatte über hundert Jahre Zeit, um herauszufinden, wie man maximal viel von unserer Aufmerksamkeit bekommt. Die fähigsten Köpfe der Welt haben das System, wie man uns geistig und emotional erreichen und verwöhnen kann, perfektioniert. Vieles macht richtig Spaß, dagegen gibt es nichts zu sagen. Nur manches macht uns unbemerkt kaputt, und das müssen wir stoppen.

Es gibt Übungen zum »Runterkommen«. Atemübungen zum Beispiel. Oder Yoga, wenn es kein Power-Yoga ist. Finden Sie heraus, was Ihnen guttut. Das ist wirklich wertvoll, um den Takt zu verlangsamen. In Beziehungen ist es wichtig, dass Sie immer wieder mal langsam und tief durchatmen. Dass es Momente ohne Aktionen gibt. Dass einer wartet, ohne dringend zu warten. Wenn das Tempo anzieht oder der andere hektisch wird, erinnern Sie sich gegenseitig daran, einen Gang zurückzuschalten. Allein schon das Wort »langsam« hilft, um sich bewusst zu werden, dass man Zeit hat.

☞☞☞

*Der Pfeil ist schnell, aber er fliegt nur zwei Meilen weit, weil er aufhört.*
*Der Schritt des Menschen ist langsam, aber er kommt hundert Tagesreisen weit, weil er nicht aufhört.*
Chinesisches Sprichwort

☞☞☞

## CHECKLISTE:
## *Gute Gefühle zurückholen*

- Da kann ich zustimmen: Alles immer schneller und von allem immer mehr zu wollen, macht ungeduldig, und das erschafft am Ende schlechte Gefühle.
- Ich mache keine Gefühlsvorgaben an Beziehungen. »Hey, du Liebe/r, du musst gar nichts Besonderes in mir auslösen, du bist absolut prima, so wie du bist. Der Moment der Begegnung mit dir ist mir wichtiger als ein fernes Wunschziel.«
- Ich habe die Verantwortung für die eigenen Gefühle angenommen. Mein Innenleben ist das Resultat der Umstände, denen ich mich im Außen immer wieder aussetze. Ich kann das jederzeit verändern.
- Ich beobachte die Gefühlsfischer-Methoden und Klickfischer-Methoden der Online-Medien und deren Wirkung auf mich selbst aufmerksam.
- Ich bin innerlich frei von der Macht sozialer Medien. Soziale Medien sind von Grund auf als Gefühlshaken konstruiert und können nachweislich einsam und depressiv machen.

# Holen Sie sich Ihre Fokussierung zurück

*Was soll denn das sein? Ich bin fokussiert.*

**Okay, wie lange dauert es, bis der Impuls kommt, zum Handy zu greifen und nachzusehen, was es Neues gibt?**

*Das ist jetzt unfair, fast jeder macht das.*

**Stimmt.**

*Informationen zu holen, ist wichtig.*

**Klar. Aber wie viele Informationen lenken in Wahrheit nur davon ab, etwas wirklich Wesentliches zu tun?**

*Läuft das jetzt darauf hinaus, dass ich mein Handy weglassen soll?*

**Nein.**

*Weniger damit rumspielen soll?*

**Nein.**

*Na gut, dann lassen Sie mal hören.*

Es sieht danach aus, als würde die Fähigkeit, sich zu fokussieren, bald eines der größten Problemthemen für uns Menschen werden. Noch nie zuvor in unserer Geschichte waren wir dieser Menge an Informationen ausgesetzt. Noch nie mussten oder wollten wir so viel gleichzeitig im Blick haben und verwalten. Noch nie drangen so viele Informationen über andere Leute oder die Welt so tief in unseren Privatbereich, unsere Freizeit und unsere Gehirnwindungen ein. All das verlockt unser Gehirn, denn es wurde dazu gebaut, um Informationen zu sammeln. Aber

es wurde nicht dazu gebaut, um grenzenlose Mengen an nutzlosen Informationen zu verwalten.
Genau genommen ist die Hauptaufgabe heute oft gar nicht mehr, wie man zu wichtigen Informationen kommt, sondern wie man die unwichtigen Informationen vermeidet. Weil der ganze »Müll« unser Gehirn belastet und es dabei richtiggehend verschleißt. Wenn wir unser Gehirn dann mal wirklich brauchen, ist es vielleicht einfach müde und ausgelaugt.

## Eine winzige Geschichte über Stock und Stein

Unser Verstand ist dafür gebaut, sich wirklich gut auf eine Sache zu konzentrieren und so lange an ihr dranzubleiben, bis etwas echt Tolles dabei herausgekommen ist. Die Evolution hat Millionen Jahre daran gearbeitet, dass er das kann, und der Erfolg gibt ihr völlig recht. Wir Menschen sind nur deshalb dort, wo wir gerade sind, weil einige von uns durch ihre Fähigkeit zur Fokussierung so lange an bestimmten Ideen dranblieben, bis der erste spitze Stein mit einer aus Grashalmen geflochtenen Schnur an einem Stock befestigt war. Sie gaben einfach nicht auf, bis die erste Axt zuschlug und der erste Speer flog. Dieser Schritt ist so bedeutend, dass viele Biologen ihn zu den sechs großen Schritten der Evolution auf unserem Planeten rechnen.
Hätte unser Speer-erfindender Vorfahr ein Smartphone mit drei offenen Chat-Apps neben sich liegen gehabt, wäre die Geschichte der Menschheit vielleicht anders verlaufen. Er hätte dann sehr wahrscheinlich echte Schwierigkeiten gehabt, monate- oder jahrelang immer wieder an der Verbindung von Steinen und Stöcken mittels Grashalmen he-

rumzuprobieren. Weil es da ständig Wichtigeres und Spannenderes gegeben hätte …

*»Hey, Maluk, was geht ab?«*

»Ich mach gerad Stein an Stock.«

*»Eh, spinnst du, seit hundert Monden immer noch das Zeugs?«*

»Ich krieg das irgendwann hin.«

*»Hast du Foto?«*

»Jo, hier kommt's.«

*»Maluk, Alter, das auf dem Foto sieht nicht gut aus. Lass uns lieber jagen gehen.« :-)*

»Aber das hier ist zum Jagen.«

*»Warum das? Wir treiben Mammut über Kante, Mammut fällt in Schlucht und fertig. Braucht kein Stein am Stock. Und dann machen wir Feuer und feiern. Also, kommst du?«*

»Okay, komm ich schon.«

Angenommen das ginge jeden Tag, jede Stunde, alle paar Minuten so, weil überall und ständig jemand etwas wissen will, etwas zu kommentieren hat oder etwas Besseres anzubieten hat … Irgendwann wäre unser Vorfahr von den vielen Störungen, Nachfragen, Vorschlägen, Kommentaren und Neuigkeiten so genervt und abgelenkt gewesen, dass er die Lust an seiner mühseligen Stein-und-Stock-Idee verloren hätte. Zum Glück hat er durchgehalten.

*»Eh, Maluk, was hast du?«*

»Hab ich fertig. Ist Speer.«

*»Speer? Und was soll das?«*

»Nimmst du, wenn keine Schlucht da ist. Ist besser als Schlucht.«

*»Warum das?«*

»Steckst du einfach zwei, drei Speer in Mammut, Mammut fällt um und fertig.«

*»Voll die gute Idee, kann man schneller feiern.«*

## Das Erfolgsgeheimnis für ein glückliches Leben: Fokussierung

Jede Sekunde, die Sie mit einer Sache verbringen, bedeutet, dass Sie eine andere Sache nicht machen können. Angenommen Ihr Gehirn verfügt über 100 % Aufmerksamkeit, mehr gibt es biologisch einfach nicht her. Dann ist die Frage, wohin Ihre Prozente jeden Tag gehen. Wenn Sie kurz darüber nachdenken, werden Sie feststellen, dass es Prozente gibt, die Sie durch Ihre Entscheidung aktiv auf etwas richten (»Oh, Gott, wie sitzt denn meine Frisur heute wieder?«), und andere Prozente, die Ihnen quasi weggenommen werden (»Mann, diese ewige Mistwerbung vor dem Videobeitrag«).

Dass Ihnen ungefragt ständig Ihre Aufmerksamkeit weggenommen wird, ist an sich schon ärgerlich. Doch neueste Studien zeigen, dass dabei nicht nur Ihre Zeit verschwindet, sondern etwas viel Wertvolleres.

## De-fokussierung und die Autobahnen

Wenn Sie heute eine Nachrichtenseite lesen oder dort einen Videobeitrag ansehen, werden Ihnen unerwünschte, nie bestellte Informationen buchstäblich ins Gehirn gedrückt. Klar lernen Sie, das wegzuklicken oder abzuwarten, doch für Ihr Gehirn bedeutet der Vorgang dennoch ganz eindeutig: *Mikrounterbrechung*. Und jede Unterbrechung eines wertvollen Gedankens durch wertlose Gedanken zerschießt das neuronale Netzwerk, das sich gerade zu dem wertvollen Gedanken bilden will. Unter Umständen werden sich die Nervenbahnen also gar nicht zu viel genutzten Hauptstraßen und Autobahnen ausbauen.

Dieses recht neue Problem wird gerade intensiv erforscht, denn es ist bei vielen jüngeren Menschen bereits so aktiv, dass die Zahlen zu Depression und Demenz bei Jugendlichen ständig steigen. Handysucht wird inzwischen als eine behandlungsbedürftige Krankheit eingestuft. Doch auch wenn Sie selbst nicht handysüchtig sind und alles im Griff haben, sind diese Forschungsergebnisse auf Ihrem Weg, sich Ihr Leben zurückzuholen, eine wertvolle Information: Ständige Unterbrechungen und Mikrounterbrechungen machen ein Gehirn auf Dauer messbar kaputt.

Eine weitere ungewollte Folge der ständig verfügbaren Informationen ist die innere Ausrichtung unseres Unterbewusstseins. Wenn wir eine interessante Sache suchen, scrollen wir zuvor durch viele Dinge, die uns nicht interessieren. Wenn wir also – bildlich gesprochen – eine bestimmte Praline haben wollen, müssen wir uns zuvor die Informationen auf allen möglichen Verpackungen vorlesen lassen. Auch auf solchen, die mit der Praline gar nichts zu tun haben. Waschmittelverpackungen, Schuhkartons, Buchumschläge, Schnapsetiketten ... Obwohl wir uns dabei sehr konzentrieren, macht genau dieser Vorgang im Dauerbetrieb unsere Fähigkeit zum Konzentrieren kaputt. Denn unser Gehirn übt und lernt nicht nur, sich auf sinnvolle Nachrichten zu konzentrieren, sondern auch dumme Nachrichten zu vernichten. Dumme Nachrichten zu vernichten, ist als Training für die Bildung von intelligenten neuronalen Netzwerken im Kopf nicht zielführend.

## Neutralisieren Sie die Kraftsauger

Alles, was Ihnen Kraft nimmt, ohne dass Sie sich aktiv dazu entscheiden, diese Kraft herzugeben, ist ein Kraftsauger. Er stiehlt Ihnen die notwendige Kraft für eine ruhige, klare Ausrichtung auf ein wertvolles Thema. Die folgenden drei verbreiteten Sauger kennen Sie vielleicht auch.

### Kraftsauger »Aufregerei«

Es gibt tatsächlich viele Dinge, über die man sich wirklich aufregen kann. Ungerechtigkeit, Dummheit, Kriminalität und Überheblichkeit gehören zu den beliebtesten. Aber die Welt ist in jeder Minute so voll davon, dass selbst ein hauptberuflicher Aufreger mit einer 60-Stunden-Woche all die Anlässe dazu nicht annähernd abarbeiten könnte. Wir können uns aufregen, so viel wir wollen – außer dass wir unsere Lebenszeit verschenken, ändert das gar nichts.

Wenn Sie etwas direkt betrifft und eine Aufregung das Thema verbessert, lohnt sich die Aufregung. Wenn zum

Beispiel der Hund vom Nachbarn jeden Tag einen Haufen vor Ihr Gartentor setzt, sollten Sie das verändern. Erwischen Sie ihn dabei, können Sie sich ruhig kurz aufregen. Kein Problem. Es dient ja einer Verbesserung Ihres Lebens. Sobald ein Thema aber keine unmittelbare Auswirkung auf Ihr Leben hat, verschleudern Sie Ihre Energie, nur um sich über ein Problem in China oder in den USA aufzuregen oder über etwas, von dem Sie gar nicht genau wissen, ob es so kommen wird, und auf das Sie niemals einen Einfluss haben werden. Sie regen sich vielleicht über Twitter-Tiraden von Politikern auf oder über das x-te unmoralische Verhalten irgendeines Stars. Das macht einerseits einen gewissen Spaß, andererseits hinterlässt zu viel davon ein schlechtes Lebensgefühl.

**Kraftsauger »immer dran sein«**

Wenn Sie auf aktuelle Informationen verzichten wollen, meldet sich vielleicht ein Teil der Evolution in Ihnen und schreit: *Nein, nicht weggucken! Was, wenn du etwas Wichtiges, also etwas WIRKLICH Wichtiges in der Welt verpasst? Was werden sie denken? Wie stehst du da? Und vielleicht ist es sogar gefährlich, es nicht zu wissen!*

Unser Gehirn *will unbedingt* Informationen haben, das können wir nicht unterbinden. Aber wie beim Essen können wir entscheiden, ihm nicht nur Junk-Infos zu geben, sondern gutes und gehaltreiches Info-Food. Ein Buch, eine Fachzeitschrift, einfach eine ausgewählte Info-Umgebung, innerhalb derer nicht alles so wild herumschreit und morgen schon das Gegenteil brüllt.

Mischen Sie dem entspannenden, aber wertlosen Wissen immer wieder nützliches Wissen bei. Am besten geht das, indem Sie sich ein Thema suchen, das Sie verstehen wollen, weil es Ihr Leben verbessert oder weil es Sie begeistert. Dann beginnt Ihr Verstand von selbst mit einer positiven Fokussierung.

### Kraftsauger »Glücksdealer«

Die Natur hat eine Reihe von Glücksgefühl-Auslösern fest in den Zellen aller höherstehenden Lebewesen verankert. So auch in uns. Das Glückshormon Dopamin zum Beispiel dient der Motivation und der guten Laune. Es macht sozusagen lustig. Das Glückshormon Serotonin sorgt dafür, dass Essen und Glücksgefühle zusammenhängen. Das Hormon Oxytocin erzeugt Glücksgefühle, wenn wir geliebte Menschen oder Tiere berühren oder ansehen. Es dient der Gruppenbildung und ist aus Sicht der Evolution überaus wertvoll, denn im Rudel überleben wir besser als allein. Kein Wunder also, dass zu den am meisten verbreiteten Fotos in sozialen Medien leckeres Essen, lustig guckende Menschen und süße Tiere gehören.

Wir lieben all diese Glücksgefühle, weil sie uns zu wirklich nützlichen und lebensnotwendigen Handlungen »verführen«. So weit eine ganz kluge Einrichtung der Natur, über die sich niemand beschweren muss.

Schlaue Köpfe in den Geschäftsführungen großer Unternehmen und sozialer Medien wissen ebenfalls um diese Hormone und ihre Wirkung und wie sehr wir an ihnen hängen. Also bieten Sie uns Auslöser für die Produktion dieser Hormone an, weil wir ihnen dann so berechenbar folgen wie Pferde einem Zuckerstück. Wir bekommen einen scheinbar schnellen Spaßzucker oder einen scheinbar wertvollen Informationszucker. Im Austausch dafür werden wir »Follower«, und die bedeuten für Firmen online bares Geld.

**So holen Sie sich Ihr Leben von Glücksdealern zurück**

Wenn Ihr Körper und Ihr Gehirn sich über lange Zeit hinweg an etwas gewöhnt haben, das Glücksgefühle auslöst, fällt es manchmal schwer, diese Gewohnheit so einfach per Entschluss zu beenden. Obwohl man weiß, dass es »eigentlich nicht gut ist«, kann man es nicht lassen. Der Grund dafür ist die antrainierte Gefühlsbelohnung. Bei einem Hund würde man sagen: das Leckerli.

Der Leckerli-Mechanismus sollte früher dafür sorgen, dass wir ohne langes Nachdenken die wertvollen Beeren im Vorbeigehen vom Strauch in den Mund befördern.

Heute sind wir sozusagen rundum von leckeren Beeren umgeben. Unser Leckerli-Gehirnteil will noch immer ständig danach greifen, und unser Intellekt sagt: »Moment mal, das ist nicht sehr vernünftig.«

Die gute Nachricht dahinter lautet: Glückstechnisch gesehen geht es am Ende immer nur um die Belohnung. Wenn wir erfüllende Dinge tun, die idealerweise am Ende ein Ergebnis haben, brauchen wir weniger externe Leckerlis.

Ergänzen Sie die unvermeidlichen künstlichen Ablenkungs-Glücksgefühle immer wieder durch echte »Ich habe da etwas geschafft«-Glücksgefühle. Was genau Sie geschafft haben, spielt dabei keine große Rolle, Hauptsache, es ist etwas Reales.

## CHECKLISTE:
## *Fokussierung okay?*

- Ich habe Ablenkungen und Versuchungen zumindest enttarnt.
- Ich habe einen guten Grund zum Bündeln meiner eigenen Kräfte und weiß, was ich mit meiner Konzentration positiv voranbringen will.
- Ich habe eine innere Liste zum Thema »Was mich wirklich interessiert«.
- Ich habe ein Ziel oder einen Wunsch, was ich gerne lernen möchte oder wie ich mich weiterbilden kann, definiert.
- Ich habe einen eigenen Rückzugsbereich im Haus oder in der Wohnung.
- Ich erschaffe selbst gemachte Erlebnisse zum Anfassen oder Anschauen.
- Glücksgefühle durch das Angucken anderer Leben in sozialen Medien sind mir immer unwichtiger.

# Holen Sie sich Ihr Leben von Ihren Eltern zurück

*Wie, die haben noch was von mir? Das können Sie streichen, echt nicht! Das Thema hab ich durch. Ich bin groß und hab mein eigenes Leben. Hab mich befreit, voll und ganz.*

**Also sind Sie bei einigen Dingen nicht der Meinung Ihrer Eltern?**

*Ganz genau. Ich mach vieles anders als sie. Mein Leben ist quasi das Gegenteil von dem meiner Eltern.*

**Dann wäre das Leben der Eltern aber doch eine ständige Vorlage. Weil man andauernd aufpassen muss, nicht so zu werden.**

*Was …? So ein Mist! Ich dachte, ich wäre das wirklich los.*

Ach, die lieben Eltern. So viel Gutes haben wir von ihnen bekommen, aber auch ein paar nicht so gute Dinge. »Die guten Dinge … Nun, es sind ja die Eltern. Die haben es sich immerhin ausgesucht, uns in die Welt zu setzen, da ist es auch ihr Job, uns gute Dinge zu geben. Also, Schwamm drüber. Aber die nicht so guten Sachen waren einfach der Hammer! Und bis heute noch machen die das! Das müssen die endlich mal verstehen, so geht das nicht. Es nervt wirklich, dass diese alten Herrschaften es einfach nicht schaffen, mich so zu akzeptieren, wie ich bin.«

Vielleicht kommen Ihnen solche oder ähnliche Gedanken bekannt vor, oder Sie kennen jemanden, dem es ein wenig so geht. Wir könnten nun sagen: Ist ja egal, sind ja nur

Gedanken. Aber Gedanken kosten Zeit und Kraft und Nerven. Sie erzeugen Emotionen, binden unsere Aufmerksamkeit und können wie ein inneres Gefängnis oder ein Laufrad wirken. Das Problem mit unaufgelösten Gedanken ist, dass sie uns ständig und endlos bestimmte Teile unseres Lebens wegnehmen. Also denken wir mal in Ruhe über diese Elternsache nach …

## Elternmagie

Viele Eltern haben eine besondere Gabe: Sie können zaubern. Aus dem Nichts heraus und ohne jede Vorankündigung zaubern sie Verpflichtungsgefühle und Schuldgefühle in ihre Sprösslinge hinein. Wie ein Magier, der mit scheinbar leerer Hand eine Münze hinter dem Ohr eines Kindes hervorholt. Diese Eltern können die Verpflichtungsgefühle ebenso schnell wieder aus ihren Kindern verschwinden lassen. Einmal die Münze in den Fingern herumgedreht, ein kurzes »gut gemacht« und – schwupps – ist sie weg.

Verpflichtungs-Zaubermünzen und Schuld-Zaubermünzen. Hin und her, in Minuten oder Sekunden. Unerklärlich und unaufhörlich. Das ist Elternmagie. Und so sehr sich die Kinder auch bemühen, hinter den ganzen Trick zu kommen – es klappt dennoch immer wieder. Münze da. Münze weg. Münze da.

Warum können wir diesen Trick nicht so einfach beenden, selbst wenn wir durchschaut haben, was da vor sich geht? Weil die Lösung gar nicht lautet, den Trick zu beenden. Es liegt nicht im Einflussbereich der Kinder, ihren Eltern das Spiel mit den Münzen zu untersagen. Die können und werden mit ihrem Hobby machen, was immer sie wollen und so lange sie wollen. Ist ja ihr Hobby.

Es macht also keinen Sinn, dem Zauberer die Vorführung seines Tricks zu verbieten. Die Lösung liegt darin, seine Münzen nicht mehr zu bestaunen. Doch dafür müssen Sie sich selbst das Recht geben, die ganze Bühne zu verlassen.

### Verpflichtungsgefühle

Fangen wir mit dem »Verpflichtungsgefühle«-Thema an. Einfach, weil viele an diesen Zaubermünzen hängen und sich wie ein halber Automat davon gesteuert fühlen. Verpflichtung bedeutet: Sie sind der Träger einer Pflicht. Ist ganz logisch. Also prüfen wir einfach mal nach, ob Sie tatsächlich eine Pflicht Ihren Eltern gegenüber haben.

Sofern Sie kein Gesetz automatisch verpflichtet, können Sie nur der Träger einer Pflicht sein, wenn Ihnen diese Pflicht zur Annahme angeboten wurde, Sie verstehen konnten, was die Pflicht in allen Details bedeutet, und Sie die Möglichkeit hatten, Nein zu sagen oder Ja zu sagen. Anschließend müssen Sie deutlich Ja gesagt haben, und dies muss auch Ihrem tatsächlichen Willen zu diesem Zeitpunkt entsprochen haben. Und natürlich dürfen Sie Ihr Einverständnis bis jetzt auch nie widerrufen haben.

Dann und nur dann hätten Sie eine Pflicht.

Wenn Sie das so nie gemacht haben und dennoch denken »Ich habe da diese Verpflichtungsgefühle, die lassen mich nicht los«, kann es gut sein, dass Sie in Wahrheit nur fühlen, was Ihre Eltern Ihnen klammheimlich auferlegt haben. Falls das so ist, führen Sie jetzt den zweiten Teil durch. Befreien Sie sich von dem ganzen Zeug, indem Sie Ihrem eigenen Kopf sagen: »Es existiert keine Pflicht, weil ich nie wissentlich und laut zugestimmt habe. Diese Pflicht zu übernehmen, entsprach und entspricht nicht meinem tatsächlichen Willen. Diese Vorstellung existierte immer nur in der Fantasie meiner Eltern. Für Elternfantasien bin ich nicht zuständig. Was immer ich mache, tue ich freiwillig oder eben gar nicht.«

## Schuldgefühle

Verpflichtungs-Zaubermünzen kann man ganz gut über klare Erkenntnisse auflösen. Es stimmt eben einfach nicht. Bei Schuldgefühlen geht das oft nicht so leicht. Wir können sie ewig theoretisch untersuchen und fühlen uns noch immer so, als wären wir an etwas schuld.

Wie geht denn das?

*»Gut, dass du das mal klar ansprichst: Wir haben jahrzehntelang in dich investiert. Zeit und Nerven und Geld. Natürlich schuldest du uns etwas. Wir haben unser Leben aufgegeben, damit du hier sein kannst. Schlimm, dass wir das auch noch sagen müssen, wie stehen wir denn da? Als müssten wir deinen Ausgleich auch noch einfordern. Du machst uns ja zu Bettlern. Das ist gegen unsere Würde. Darum lassen wir dich seit zig Jahren fühlen, wie wir denken. Damit du in deinem Herzen und jeder Zelle erleben kannst, dass du uns verpflichtet bist.«*

So geht das zum Beispiel!

Nette Gedanken mit einer Menge Vorteilen für den, der sie denkt. Hat aber mit Ihnen nichts zu tun. Gar nichts schulden Sie Ihren Eltern – und das ist nicht böse gemeint oder gegen jemanden gerichtet.

## Sie haben nie darum gebeten, geboren zu werden

Es war der Wunsch Ihrer Eltern, Sie zu gebären. Und nun sind Sie eben hier. Sie haben auch nicht darum gebeten, gewickelt, ernährt und aufgezogen zu werden. Das haben sich Ihre Eltern ausgesucht, weil es deren Traum war. Nur weil der Traum bis ins Alter so weitergeht, sollen Sie sich nun lebenslang für irgendetwas schuldig fühlen? Wissen Sie was …?

**Was Sie Ihren Eltern schulden ist: »0«**

Die Tatsache, dass der persönliche Plan Ihrer Eltern nicht so aufging, wie sie es sich einmal ausgedacht haben, hat nichts mit Ihnen zu tun. Und falls Ihre Eltern sagen: »Wir haben dich ertragen in all deinen Entwicklungsphasen«, können Sie darauf antworten: »Und ich euch ebenfalls. Also sind wir quitt.«

Erschaffen Sie in sich das Gefühl, quitt zu sein. Es gibt keine Schulden auszugleichen. Alles, was heute und morgen und später von Ihnen geliefert wird oder nicht, ist Ihr freier Wille. Es ist ein Zubrot, ein Geschenk an die Eltern. Sie müssten das nicht tun. Das können Sie bei der nächsten stressigen Gelegenheit auch mal deutlich erklären.

## Warum diese Elternsache Sie vielleicht unter Kontrolle hat

Obwohl Eltern ein urpersönliches, superindividuelles Thema zu sein scheinen, veranstalten die meisten Eltern mit ihren Kindern Dinge, die ganz ähnlich zu anderen sind. Natürlich in dem Glauben, dass nur sie so wären. Ganz besonders eben. Eines dieser ganz besonderen Dinge hat mit den Gefühlen zu tun, die Eltern von ihren Kindern ERWARTEN!

## Das stumme Duett der Synapsen

**Neulich im Elterngroßhirn:**
Ich erwarte, dass du mich respektierst. Besuchst. Versorgst. Informierst. Fragst. Unterhältst. Dass du für mich da bist. Tust, was ich für richtig halte – wo ich es für relevant halte –, und unterlässt, was ich für falsch halte. Ganz kurz gesagt erwarte ich, dass du mich LIEBST! Ist das denn zu viel verlangt nach all der Zeit?
Bekommst du überhaupt mit, wie sehr ich dich liebe? Sieh mal, was ich für Opfer gebracht habe. Geld, Zeit, Nerven und Verzicht. Alles aus Liebe, zig Jahre lang. Da könntest du wenigstens die nächsten zig Jahre etwas davon zurückgeben. Dankbarkeit nennt man das. Also, los!

**Kurz darauf im Tochterkleinhirn:**
Ich habe es soooooo satt! Andauernd dieses Verpflichtungsgefühl. Weihnachten, Geburtstag, Muttertag und all das Zeug, das mir in Wahrheit echt egal ist. Ich will einfach mein Leben so leben, wie ich es für richtig halte. Ich will einfach frei sein und nicht dauernd besuchen und anrufen und mir Dinge auf die immer gleiche Art anhören müssen, als würde ich zig Jahre lang dieselbe Folge derselben Fernsehserie angucken. Als wäre ich Teil eines ewig gleichen Bühnenstücks mit immer gleicher Besetzung. Wie in diesem Murmeltierfilm. Das macht mich echt mürbe, und mir wird übel, wenn ich nur daran denke, dass das praktisch nie aufhört.
Und für all das soll ich auch noch dankbar sein und sie lieben und ehren und beschenken? Wie kann das sein, dass es denen reicht, wenn ich einfach nur eine Hülle ausfülle? Hauptsache, ich tue den Formalien Genüge, dann sind sie happy. Merken die gar nicht, dass es mich eigentlich nervt?

**Etwas später im Elterngroßhirn:**
Ach, ist das schön, wenn sie kommt, unsere Kleine. Auch wenn sie inzwischen ganz schön groß geworden ist. Zu den wichtigen Ereignissen ist sie immer da. Wir können froh sein, dass unsere Kinder uns noch mögen. Wir halten eben einfach alle zusammen, auch wenn die Zeit sich verändert. Da ist eine Stabilität drin. Familie eben. Ach, irgendwie haben wir sie ganz gut hinbekommen, auch wenn einige Dinge eigentlich besser sein könnten. Zwei, drei Sachen im Leben hat sie einfach nicht richtig verstanden, darum hat sie da Probleme. Das hätten wir ihr vielleicht besser klarmachen sollen, aber früher hat sie ja nicht auf uns hören wollen. Da war sie in ihrer Revoluzzer-Phase. Aber jetzt ist sie erwachsen, und nun kann man erwarten, dass sie es kapiert, wenn wir es erklären.

**Gleich darauf im Tochterkleinhirn:**
Jetzt geht das schon wieder los, ich muss jetzt echt hier raus. Das macht mich wirklich so was von aggressiv, immer derselbe Sermon. Als würden die einfach nichts dazulernen. Es ist wirklich alles wie damals, als wäre ich noch ein Kind. Ehhh! Ich habe selbst zwei Kinder und einen Mann, habt ihr das schon gemerkt? Ja, klar, das mit dem Mann ist Patchwork, aber seht euch mal an! Nur weil ihr zusammen am Tisch sitzt, ist das noch lange nicht besser. Dann lebe ich lieber so wie ich.
Mann, der Papa sieht echt nicht gut aus. Wenn der in Pflege muss, schafft das die Mama nie allein. Und dann bin ich dran. Auch das noch, zu allem dazu, was ich schon am Hals habe. Ich muss denen echt mal was zu ihrer Ernährung sagen, dann halten sie vielleicht länger durch. Aber sie wollen das ja einfach nicht hören. Ich glaube, die

machen das absichtlich, weil sie denken, dass ich mich am Ende sowieso um sie kümmere.

**Gleichzeitig im Elterngroßhirn:**
So wie die uns ansieht, scheint sie sich wirklich um uns zu sorgen. Das ist schön, wir werden ja auch nicht jünger. Und sie hat einfach Kraft. 25 Jahre jünger und viel weniger gearbeitet als wir – das macht was aus. Und sie hat es ja echt gut: Wenn wir mal nicht mehr sind, ist sie versorgt.

**Und im Tochterkleinhirn:**
Ich will gar nichts von denen, absolut nichts. Sie sollen das von mir aus gerne alles verpulvern, ich habe nie darum gebeten. Tun sie ja eh nicht, und am Ende kriege ich doch was. Aber ich will es gar nicht. Und vor allem nicht diese Blicke, dass ich ihnen etwas schulden würde. Bis jetzt habe ich nichts bekommen und schulde auch niemandem hier etwas. Ich frage mich echt, warum ich jedes Mal wieder dieselben Sachen hier mache, obwohl ich es gar nicht will. Aber es sind ja meine Eltern, und ich hab sie auch lieb. Bitte, Gott, oder wer auch immer das alles erfunden hat – sag mir, warum das einfach nicht aufhört!

## Was jeder eigentlich will und warum es Leben kostet

Das Gefühl, Teile vom Leben zu verschwenden oder zu verlieren, kommt immer dann auf, wenn wir in unserer Außenwelt Dinge tun, die uns von den Zielen unserer Innenwelt abhalten oder sogar aktiv davon entfernen. So entsteht irgendwann der Albtraum, »im falschen Leben« zu sein. Sind hingegen Innen- und Außenwelt in Deckung, so geht es uns gut.

Also können wir entweder unsere Innenwelt so verändern, dass sie zur Außenwelt passt, zum Beispiel indem wir lernen zu lieben, was da ist. Oder wir wirken so auf unsere Außenwelt ein, dass sie besser zur Innenwelt passt. Indem wir etwas positiv verändern. Falls das nicht geht, suchen wir uns eine neue Umgebung im Außen, die besser zu unserem Innen passt. Das wäre ein Teil des Vorgangs, sein »Glück selbst zu schmieden«.

Wahnsinn hingegen wäre es, alles so zu lassen und sich immer weiter darüber zu ärgern, dass die Innen-Außen-Abweichung nicht verschwindet. Das kostet richtig viel Leben.

## Die Welten verstehen, um sich mehr vom eigenen Leben zurückzuholen

Wenn zwei Welten aufeinanderprallen, entsteht an der Kontaktfläche Reibung. Das kostet Kraft und bringt nichts außer Hitze und Stress. Damit die leidvolle Reibung verschwindet, versuchen nun beide Teile, die Sichtweise des anderen zu verändern. Was leider noch mehr reibt.

### Der schwer lösbare Teil

Solange Sie als Kind versuchen, die Welt Ihrer Eltern zu verändern, haben Sie viel Arbeit, die den geringen Erfolg oft kaum lohnt. Uralte Gedankenautobahnen anderer Leute sprengen zu wollen, kostet enorm viel Kraft, Nerven, Freude und Zeit. Letztlich für nichts, das Ihr Leben besser machen würde. Falls anders herum Eltern versuchen, ihre erwachsenen Kinder zu mehr Verständnis und Kontakt mit ihrer Welt zu bringen, arbeiten sie sich oft am Widerstand der Kinder auf. Einfach gesagt gibt keiner gerne seine Meinungen über das Leben auf. Also lassen wir besser jedem seine Meinung.

### Der gut lösbare Teil

**Hören Sie auf, verstanden werden zu wollen.**

Denn solange Sie das versuchen, übertragen Sie dem anderen die Machtposition, Sie zu verstehen oder Sie nicht zu verstehen. Daran können Sie sich dann jahrelang aufarbeiten. Dennoch fällt das Loslassen oft nicht leicht, weil jeder ganz besonders von denen verstanden werden will, die er lange kennt. *Es kann doch nicht sein, dass zwei Menschen, mit denen ich seit meiner Geburt zusammengelebt habe, NICHT verstehen, wie ich fühle oder was ich brauche oder welche Ziele ich wirklich habe. Das gibt's doch gar nicht!* Doch, das gibt's. Das ist normal.

**Befreien Sie sich davon, gefallen zu wollen.**

Es ist doch in Wahrheit völlig egal, ob Ihre Eltern Ihre Welt verstehen oder teilen oder gut finden, wenn Sie selbst inzwischen ein erwachsener Mensch sind, oder? Die Zeit, in der es in Ordnung war, Sie zu erziehen und zu bewerten, ist lange vorbei. Was soll also das weitere Gefallenwollen bewirken? Es verursacht nur Stress und Ärger und Enttäuschung.

**Werfen Sie den Wunsch nach Lob und Anerkennung über Bord.**

Viele sehnen sich nach Lob, weil sie es nie bekommen haben. Das ist wirklich verständlich. Aber die Personen, die es zig Jahre nicht geschafft haben, sind ganz offensichtlich nicht perfekt dafür ausgebildet, um das ganze Lobding hier und heute zu lösen. Und was genau bringt es, wenn Sie heute noch von Ihren Eltern gelobt werden? Eins auf jeden Fall: Sie fühlen sich wie ein Kind, das gelobt wird. Das macht Sie klein und abhängig, und darauf können Sie dann auch verzichten.

- **Beenden Sie das Rechtfertigen. Es geht sowieso nicht um Sie.**

Rechtfertigen? Als Erwachsener? Gegenüber den Eltern? Geht's noch? Sofern Sie nicht gerade das Ersparte der beiden verjubeln, brauchen Sie sich vor Ihren Eltern in keiner Weise dafür zu rechtfertigen, was aus Ihrem Leben wird. Wahrscheinlich ist Ihnen das vom Intellekt her klar, aber dennoch könnten Sie das Gefühl haben, Rechenschaft ablegen zu müssen. Dann gefällt Ihnen vielleicht folgende alternative Gedankenautobahn.

Die meisten Eltern erwarten oder wünschen sich von ihren Kindern irgendwie Erfolg. Sie sagen dann oft: »Ich möchte ja nur, dass es dir gut geht«, was eigentlich selbstlos und total fürsorglich klingt. Dennoch stimmt irgendetwas daran nicht.

Ja, Eltern sind interessiert am Lebensverlauf ihrer Kinder. Aber nicht einfach nur wegen dem Wohl der Kinder, sondern weil sie sehen wollen, dass sie gute Eltern waren und den Kindern beigebracht haben, wie man es hinbekommt. Sie wollen das »Hab ich gut gemacht«-Gefühl. Falls Sie die Planerfüllung also nicht hinbekommen, nehmen Ihre Eltern das möglicherweise persönlich, denn Sie wären dann eine Art lebendes Mahnmal für gescheiterte Erziehung. Niemand will das erleben, darum wird an Ihnen ständig herumgemeckert.

Das erklärt auch die verbreitete »Elternbuchführung«: *Die Erfolge unserer Kinder gehen eindeutig auf unser Konto.*

*Gut erzogen eben. Die Misserfolge liegen an Umständen, auf die wir leider keinen Einfluss hatten. Gene von den Großeltern und so.*

## So holen Sie sich Ihr Leben von Ihren Eltern zurück

- Der zentrale Schlüssel liegt darin, die Bemühungen zu beenden, dass Ihr Vater oder Ihre Mutter auch nur irgendetwas von Ihnen versteht. Wenn verstanden zu werden von Ihnen als Plus definiert wird, bedeutet alles, was nicht verstanden wird, für Ihr Gehirn ein ständiges Minus mit quälenden Gedanken und schlechten Gefühlen. Wenn Sie hingegen losgelassen haben, befinden Sie sich in einer Nullerwartung. Es gibt dann keinen Verlust mehr, und alles, was tatsächlich verstanden wird, ist ein Gewinn.
- Seien Sie einfach. Seien Sie klar. Eiern Sie nicht herum, nur weil Sie Ihre Eltern hier oder dort nicht verletzen wollen, keine cholerische Reaktion auslösen wollen, kein dies oder kein das hervorrufen möchten. Bleiben Sie bei sich selbst, und drücken Sie sachlich und klar aus, was Sie denken, fühlen und möchten. Wenn nicht gewünscht ist, dass Sie nur Sie selbst sind, sitzen Sie vielleicht an diesem Tag am falschen Tisch.
- Machen Sie sich den Unterschied zwischen Beleidigung und Wahrheit klar. Denn ein geheimer Trick besteht darin, Sie immer glauben zu lassen, Sie würden den anderen beleidigen, obwohl Sie eigentlich nur sagen, was Sie sagen möchten.
- Rechnen Sie damit, dass die Wahrheit nicht automatisch Verständnis und Liebe erzeugt. Das ist auch nicht ihre Aufgabe. Ihre Aufgabe ist es, Falschheit zu beseitigen.

## CHECKLISTE:
## *Elternstaub abgesaugt?*

- Ich habe alle Schuld- und Verpflichtungsgefühle weggewischt.
- Ich habe falsche Liebes-Zielscheiben abgehängt.
- Ich habe die geistige Strafstehecke im Kinderzimmer abgeschafft.
- Ich habe mein Bedürfnis, verstanden werden zu wollen, aus dem Fenster geworfen. Wenn es trotzdem klappt, ist es auch okay.
- Ich brauche spätestens ab 30 Jahren kein Elternlob mehr, denn irgendwann muss es auch ohne sie gehen.
- Früher musste ich lernen, die Regeln meiner Eltern einzuhalten. Heute stelle ich meine Regeln auf, und meine Eltern dürfen lernen, sie einzuhalten. Ist ja nur fair.

# Befreien Sie Ihr Leben aus dem Erwartungsgefängnis

*Erwartungen? Stimmt, das macht mich fertig. Aber wie soll man das verhindern? Die Leute machen doch, was sie wollen.*

**Ja, das machen sie. Aber es kann Ihnen doch egal sein, was die wollen.**

*Theoretisch ja, dennoch ist das leichter gesagt als getan. Ich muss ja mit denen irgendwie umgehen.*

**Wie wäre es mit erwartungsfreiem Umgehen?**

*Klingt cool, wird aber wahrscheinlich nicht klappen.*

**Weil …?**

*Weil ich nicht weiß, wie das gehen soll.*

**Prima, dann suchen wir nach dem Hebel, mit dem es geht.**

Erwartungen sind wie eine Knastzelle, in der sich die Schlingpflanzen nachts von unten um Ihre Beine wickeln, während die Würgeschlangen von der Decke um Ihren Hals fallen. Erwartungen sind so ziemlich das Allerletzte, das Sie in Ihrem Leben brauchen können. Sie dienen nur der Person, die sie über Sie wirft, weil die Erwartungen Sie mürbe und gefügig machen.

## Wie eine Erwartung »technisch gesehen« funktioniert

Eine Erwartung besteht zu Beginn nur im Kopf des Senders. Es sind also erst mal nur Gedanken, die mit Ihnen nichts zu tun haben. Doch der andere verknüpft seine Erwartungsgedanken mit inneren Bildern (WAS genau Sie tun sollen) und mit starken Gefühlen (WARUM Sie das tun sollen). Ein Beispiel: *Ich erwarte, dass sie mich am Wochenende anruft* (WAS genau Sie tun sollen), *weil ich sonst richtig wütend auf sie bin* (WARUM Sie das tun sollen).

Der Sender schickt Ihnen also a) ein Bild von seiner Zielvorstellung, b) bestimmte Gedanken und Gefühle und c) eine Drohung über Folgen bei Nichterfüllung. Selbst wenn er das nicht ausspricht, spüren Sie deutlich, was seine Sendung in Ihnen anrichtet. Falls Sie keine Lust haben, dieser Erwartung nachzukommen, werden Sie ebenfalls wütend. Sie wollen den ganzen fremden Ballast einfach loswerden und hoffen, dass der andere Ihre Wut oder Ablehnung bemerkt und seine Erwartung stoppt.

Wie das Leben jedoch zeigt, enden Erwartungen nicht einfach, nur weil das Opfer sie nicht mag. Stattdessen werden sie krasser, intensiver und stärker, je mehr man sich dagegen wehrt. Sie ketten den Sender und den Empfänger auf ungute Weise aneinander.

## Was eine Erwartung »menschlich gesehen« bewirkt

Die Erwartung erschafft eine besondere Verbindung zwischen Ihnen und dem Sender. Er sendet, und Sie wehren sich. Und damit haben Sie das, was man eine Täter-Opfer-Beziehung nennt. Auf jeden Fall ist es eine Beziehung. Manche Menschen denken sogar, es wäre eine Form von Liebe, weil sie gelernt haben, dass Erwartungen zu erfüllen »lieb« wäre.

Wenn Sie sich gegen die Erwartungen eines Senders wehren, verstärkt er diese häufig sogar noch, scheinbar entgegen jeder Vernunft. Eigentlich müsste er doch sehen, dass noch mehr Druck Sie von ihm wegtreibt. Aber er hat seine eigene Logik, und die sieht so aus:

Erwartung Gegenwehr = Beziehung (klasse, so will es der Täter)
Erwartung 0 = keine Beziehung (das ist eine Katastrophe für den Täter)

Ihre Gegenwehr ist also sein Gewinn. Darum hört das nie auf, solange Sie gegen die Erwartungen angehen. Es hört erst auf, wenn Sie keine weiteren Anstrengungen mehr unternehmen, weder dafür noch dagegen. Wenn Sie zu einer Null in seinem Spiel werden. Stellen Sie sich den Lösungsweg bildlich in etwa so vor …

## Die Arena

Erwartungen sind deshalb so belastend, weil man buchstäblich in eine Kampfarena gestellt wird. Plötzlich wird jede Bewegung beobachtet und bei einem Ergebnis applaudiert oder der Daumen nach unten gesenkt. In dieser Arena geht es nicht darum, dass Sie eine Sache lösen und dann Ihre Ruhe finden und gehen dürfen. Wenn Sie ein guter Gladiator sind, sollen Sie immer weiter strampeln. Sie bekommen vielleicht mal eine Pause, aber dann geht es weiter.
Sofern es Ihr Beruf ist und alle Anforderungen geklärt sind, ist es in Ordnung. Was aber, wenn das Publikum aus Ihren Eltern, aus Ihrem Partner oder Ihrer Partnerin besteht? Aus Freunden oder Bekannten? Was, wenn Leute, mit denen Sie nie etwas Derartiges vereinbart haben, Sie dennoch an etwas messen und beurteilen?

## So verlassen Sie die Arena

### ◗ Begeben Sie sich auf die Null-Position

Was immer Sie schon als Waffen in den Händen haben, weil Sie versuchen, einen Erwartungskampf zu gewinnen: Lassen Sie es fallen. Diskutieren Sie nicht über die Details, warum Sie es so nicht hinbekommen. Geben Sie als Erstes die gesamte Erwartung zurück. *»Ich werde ab sofort gar nichts mehr zu diesem Thema tun.«* Sie brauchen diese Null-Position zwischen sich und dem anderen als Basis für eine neue Situation. Wenn es eine Erwartung war, wurde bisher nie sauber verhandelt.

### ◗ Neuverhandlung einleiten

Dem anderen muss klar werden, dass Sie frei sind und als freier Mensch etwas Neues vereinbaren werden. Oder eben nicht, falls nichts dabei herauskommt, was Sie mögen. Es gibt keinen Mittelweg, um nicht vereinbarte Erwartungen zu reduzieren. Sie werden doch nicht über einen Vertrag verhandeln, den Sie nie abgeschlossen haben.

### ◗ Freiwilligkeit als Position etablieren

*»Ich erfülle grundsätzlich keine Erwartungen, die man mir ungefragt überstülpt. Niemals. Erwartungsdruck führt bei mir zum Abbruch, ist also komplett sinnlos. Aber mit mir kann man Vereinbarungen treffen. Und dann sehen wir weiter.«*

Weil Erwartungen eine gnadenlose und unfaire Waffe gegen Sie sind, müssen Sie diese Waffe auch gnadenlos aus dem Spiel entfernen. Bei etwas, das Ihnen die Luft nimmt, gibt es keinen Toleranzspielraum.

### Das Ende der gegenseitigen Erwartungsgeschäfte

»Ich erfülle deine Erwartungen, wenn du meine erfüllst. Eine Hand wäscht die andere.« Aus Erwartungen kommen Sie nicht gut heraus, solange sie Bestandteil eines gegenseitigen Geschäfts sind. Es funktioniert nicht, dass der andere seine Erwartungen aufgibt, während Sie Ihre Erwartungen behalten. Also beginnen Sie am besten bei sich, denn das ist der Teil, den Sie unter Kontrolle haben.

Sagen Sie sich: »Mein Wunsch, dass der andere seine ständigen Erwartungen aufgeben sollte, ist ebenfalls eine Erwartung. Solange er das einfach nicht macht, warte ich auf ihn, und damit hat er mich im Griff. Dann bin ich abhängig davon, ob er seine Erwartungen aufgibt oder nicht. Also lasse ich meinen Wunsch los, dann bekomme ich immerhin die Kontrolle über mein Leben wieder zurück.«

### Was Erwartungen in Wahrheit sind

Für den Fall, dass Sie einmal Argumente brauchen … Erwartungen ohne Zustimmung sind in Wahrheit: Erpressung. Emotional oder materiell. Warum so krass formuliert? Weil Erwartungen zu den schlimmsten psychischen Druckmitteln gehören. Kaum jemand steht vollkommen darüber, weil die Erziehung und die Ausbildung und damit die gesamte Kindheit auf dem System von Erwartungen und deren Erfüllung aufbauen. Wir sind sozusagen seit früher Kindheit darauf konditioniert, was dazu führt, dass bei vielen von uns jede Zelle zu vibrieren beginnt, sobald Erwartungen im Raum stehen. Erwartungen sind eines der am meisten verbreiteten Traumen überhaupt. Darum erweisen Sie vielen Menschen einen wirklich liebevollen großherzigen Seelendienst, wenn Sie alle Erwartungen von ihnen nehmen.

## Kollektive Erwartungen: Willkommen im Club »Die gute Herde«

Wenn sich Menschen mit einer gemeinsamen Idee zusammentun, bildet sich nach einer Weile eine Gemeinschaft, die mit einem Club vergleichbar ist. Eine Art Kern trifft sich besonders gerne, und es werden Regeln aufgestellt und gelebt, die allen Beteiligten Spaß machen oder eben die Clubvorteile gewährleisten. So ein Club kann ein Online-Forum oder -Spiel sein, eine Schrebergartengemeinschaft, eine Frauen- oder Männerrunde, eine Freiwillige Feuerwehr, ein Tanzverein oder was auch immer.

Wenn man so etwas mag, hat Dabeisein eine Menge Vorteile. Sie erhalten auf einen Schlag eine Gemeinschaft von Menschen, die Ihnen grundsätzlich freundlich gesonnen sind. Sie erhalten Zugehörigkeit, Ansprache, Beschäftigung, Informationen und vielleicht sogar einen gewissen Sinn. Das ist wunderbar und wirklich wertvoll. Nur weil wir gerade über Erwartungen sprechen, sehen wir uns kurz an, was hier vielleicht schiefgehen könnte. Einfach, damit es für Sie persönlich nicht schiefgeht.

Wenn Sie einem Sozialclub betreten, setzen Sie eine Reihe von Ereignissen in Gang, über die Sie sich vorher im Klaren sein sollten:

Sie durchlaufen eine geheime Startprüfung. (*Passt die/der zu uns?*)

Sie werden eingeladen. (*Komm doch einfach mal vorbei.*)

Sie werden freudig aufgenommen. (*Was für eine Bereicherung du bist!*)

Sie spüren Verpflichtungen. (*Also, wir machen das hier immer so …*)

Sie gehören jetzt zu einem Lager, das möglicherweise ein internes Gegenlager hat. Plötzlich haben Sie Gegner, obwohl Sie gar nichts getan haben. (*Die xy dort drüben will immer nur die Vorteile, kommt aber sonntags nie zum Aufräumen.*)
Sie beginnen, sich zu rechtfertigen, wenn Sie eine Mitgliedschafts-Verpflichtung nicht einhalten können. (*Ich kann leider sonntags auch nicht zum Aufräumen kommen.*)
Sie spüren den Druck von Gerede und Urteilen, wenn Sie die Erwartungen häufiger nicht erfüllen. (*Wo warst du denn die letzten Male? Wir haben dich vermisst und inzwischen einiges verändert.*)
Sie werden irgendwann für Ihr Verhalten abgestraft. (*Was, du hast die Info nicht bekommen? Seltsam …*)
Sie verlassen den Club. (*Ich kann einfach zu wenig dabei sein.*)
Und damit stoßen Sie die Mitglieder vor den Kopf, denn nun denken alle, Sie würden sie und was dort stattfindet aktiv ablehnen. (*Sie/er will nicht dabei sein, weil sie/er ablehnt, was wir hier machen, und uns damit ebenfalls ablehnt.*)
Plötzlich haben Sie auch hier Gegner. (*Ach, da ist wieder die/der, die/der uns nicht mag.*)
Sie denken sich: Hatte ich das alles bloß nie begonnen.

Das alles ist es wert, sich vorher genau zu überlegen, was man einbringt und wozu man sich unausgesprochen verpflichtet. Denn wenn Sie dreimal sonntags in der Kirche waren, wird man Sie nach dem vierten Mal fragen, warum Sie nicht mehr kommen.

## CHECKLISTE:
## *Erwartungen loslassen*

- Ich habe alle Erwartungs-Arenen enttarnt und Opfer-Täter-Beziehungen in meinem Umfeld durchschaut.
- Meine Waffen habe ich fallengelassen. Ich will nicht mehr gewinnen und bin bereit, das Spiel zu beenden.
- Ich führe mit einem Täter keine Diskussionen mehr darüber, dass er seine Erwartungen an mich bleiben lassen soll.
- Ich habe meine eigenen Erwartungen an andere zurückgeholt.
- Ich habe tolle Pläne für etwas Besseres, damit ich entstandene Beziehungslücken gut füllen kann.

# Holen Sie sich Ihre Erlösung zurück

**Eine Sache, die zu Ende ist, sollte man im Guten abschließen, sonst leidet man.**

*Da ist was Wahres dran. Geht aber oft nicht.*

**Warum denn nicht?**

*Wenn der andere sich ungut verhält, kann es doch kein gutes Ende haben, oder?*

**Gutes fremdes Verhalten ist also der einzige Weg für ein eigenes gutes Ende?**

*Okay, das ist ein Argument. Sehen wir uns das an.*

Nahezu alles in unserem Leben hat einen Anfang, einen Aufwind, einen Höhepunkt, eine Normalphase, einen Ausklang und ein Ende. Das ist Teil der Natur und spiegelt sich in allen menschlichen Lebensbereichen wider. Nehmen wir den Beruf als Beispiel. Man wird neu eingestellt, und alle sind voller Vorfreude und Erwartung. Man gibt Vollgas, und falls alles gut geht, hat man Erfolge. Gute Wahl, alles toll, alle lieben das. Irgendwann wird es natürlich normal. Man hat seinen Platz gefunden, jeder weiß, was vom anderen zu erwarten ist, und es läuft vor sich hin. Dann, eines Tages, lässt entweder der Wille oder die Motivation oder die Kraft nach, und man schaltet langsam runter. Und irgendwann ist es zu Ende, und man bekommt ein lobendes Schriftstück, einen Blumenstrauß, eine Firmenrente oder was auch immer. Idealerweise steht am Schluss

ein nettes Ritual, das für alle eine gute Erinnerung erzeugt. Ein schönes Schlussbild, das sich jeder merken kann und von dem man auch nach vielen Jahren noch denkt: »Alles in Ordnung.«
Der Film findet sein Ende, der Held kehrt nach Hause, die Welt ist gerettet. Es war ein Abenteuer voller Emotionen, es hat viel gekostet, aber auch viel gebracht, und ja, oft war es vielleicht anstrengend und heftig. Aber nun ist es gut, und alle sagen das auch. So liebt es unser Gehirn, und wir können loslassen. Für den Verstand sind damit alle drei Gesundheitssäulen (siehe ab Seite 51) erfüllt: Diese berufliche Phase war sinnvoll, sie war bis zum Schluss unter Kontrolle, und man konnte vollkommen verstehen, wie die Geschichte ablief und ausging. Dieser Zustand ist »der letzte gute Klang«, eine Erlösung, die uns im Leben leider manchmal fehlt.

## Warum etwas »unerlöst« ist

Wenn unser Verstand ein Thema nicht abschließen kann, denkt er oft jahrelang darüber nach, wie er es *hätte besser machen können*. Er sucht danach, wo der Fehler lag, und vielleicht danach, ob es heute noch eine letzte, bislang übersehene Lösung gibt. Jeder dieser Gedanken macht die Erinnerung und die entsprechenden Gedankenautobahnen (siehe Seite 15) stärker und löst Gefühle und Emotionen aus. Jedes dieser Gefühle wiederum verändert unsere Wahrnehmung der Welt. Plötzlich sind scheinbar alle anderen glücklich, nur man selbst nicht, oder alle Männer sind am Ende schlecht oder alle Frauen heimtückisch und so weiter. Wenn Sie so etwas schon erlebt haben, wissen Sie auch, dass man oft nur noch einen Wunsch hat: *Ich will, dass das*

*endlich aufhört. Ich will das aus meinem Kopf haben. Ich will endlich von diesem Menschen oder diesem Thema frei sein!* Alles in Ihnen schreit nach Erlösung, aber sie kommt einfach nicht. Es sieht so aus, als würde die Macht über einen Abschluss nicht bei Ihnen liegen.
Wo also ist sie?

### Die Macht über den guten Abschluss

Der erste Gedanke lautet oft: Die Macht, alles endlich gut abzuschließen, liegt zu einem wesentlichen Teil beim anderen. *Würde er einfach nur um Entschuldigung bitten ... Würde er mich endlich anerkennen ... Würde er mich richtig abfinden, würde er seiner Pflicht nachkommen, wäre er einfach nur respektvoll ...*
Würde, würde, wäre ... Nur: All das ist eben nicht so.
Ihr Verstand kann das einfach nicht begreifen. Er versucht verzweifelt, seine drei Säulen aufrechtzuerhalten, also ein widerspruchsloses, zusammenhängendes Weltbild. Dabei kommt er immer wieder zu dem Ergebnis, dass es nicht geht, weil der andere etwas Bestimmtes nicht gemacht hat oder nicht macht. Das Resümee Ihres Verstandes bis hierher lautet: *Ich brauche ein bestimmtes Verhalten des anderen, sonst wird es einfach nicht rund.*
Sobald Sie das glauben, erschaffen Sie zwei überaus unglückliche Situationen:

- Sie machen sich von fremdem Verhalten abhängig. Damit übergeben Sie dem anderen die Macht über Ihren Gefühlszustand. Wahrscheinlich ahnt er das und nutzt das vielleicht sogar aus, um Sie zu bestrafen. Er gibt Ihnen den guten Klang einfach nicht, weil er weiß, dass Sie das trifft. »Leiden sollst du ewiglich.« Das ist sozusagen seine Rache.

- Hinzu kommt noch, dass Sie selbst die Qual nicht enden lassen, eben weil Sie in Gedanken noch immer in Beziehung sind. Sie warten nur. Wann wird diese erlösende letzte Reaktion endlich kommen? Damit bleiben Sie in einer fremdbestimmten Beziehungslage gefangen, die sich auf Ihre Gegenwart und Zukunft auswirkt.

**Warum es nicht egal ist, ob und wann Sie ein Ende finden**

Vielleicht kennen Sie die Leute, die mit siebzig noch an eine Beziehung denken, die mit zwanzig schon zu Ende war, und sich dabei kaum zu verstehende Vorwürfe machen. Der Verstand ist »unerlöst« und sucht immer wieder nach dem Abschlussbild, damit dieses »Alles ist gut«-Gefühl doch noch kommt. Aber es kommt nicht, und das macht einen fast wahnsinnig und irgendwann depressiv. Depression wiederum zerstört nachweislich Teile des Gehirns. Für Sie bedeutet das: Jeder Abschluss ist besser als kein Abschluss.

**Holen Sie sich die Macht über den guten Abschluss zurück**

Es geht nicht darum, dass es am Ende schön ist, sondern darum, dass es für Sie am Ende fertig ist. Besser Sie denken ›Er ist einfach ein Idiot‹ oder ›Sie ist einfach ein Miststück‹ und haben dann Ihre Ruhe, als dass Sie die nächsten zwanzig Jahre wieder und wieder eine Situation analysieren, ohne zu einem Ende zu kommen. Der Weg lautet: *Ich brauche endlich ein Filmende, egal wie.* Dafür müssen NICHT alle Konflikte und unlogischen Ereignisse dort draußen in eine Ordnung gebracht werden, sondern nur die in Ihren Gedanken. Egal wie. Dieses »egal wie« ist deshalb wichtig, weil Ihr Verstand im Moment nur eine bestimmte Lösung (*Karl soll sich entschuldigen* etc.) gut finden würde. Aber die bekommt er ja nicht. Also sagen Sie als Erstes: »Ich will das Thema vollständig lösen, egal wie. Ist mir völlig wurst, aber das hier hat jetzt ein Ende.«

### Den Heimzahl-Modus beenden

Auf einem unerlösten Ende liegt oft eine gehörige emotionale Spannung. Ein Sack voll Wut oder ein Karren voll Verzweiflung oder ein Kellerloch voll Angst. Auch von Ihrer Seite aus in Richtung des anderen. Sie können sicher sein, dass der andere das ebenfalls spürt. Ihm geht es letztlich kein Stück besser, denn auch er ist nicht frei. Er geht nur anders damit um. Selbst wenn er scheinbar überlegen wirkt oder sich gar nicht meldet, ist die Situation auch in ihm nicht gelöst. Vielleicht verdrängt er alles nur besser, hat eine neue Situation darübertapeziert oder leidet insgeheim, ohne es Sie merken zu lassen. Aber ganz sicher leidet er. Keine Seele und kein Verstand stecken unerlöste Situationen einfach weg.

Beide Seiten leiden also unter der Situation, aber jede Seite denkt, dass das die gerechte Strafe des anderen für seinen »Vertragsbruch« ist. Und so sind beide Seiten in einem Zustand von »Heimzahlen«. »Die bzw. der wird noch lange an mich denken und es irgendwann bereuen …« Oder so ähnlich.

Sie können diese Dynamik beenden. Verzichten Sie innerlich auf jede Form von Wunsch oder Einflussnahme, weder durch Sie noch durch das Universum. Es ist egal, ob der andere eine Erkenntnis gewinnen wird oder ob er eines Tages bestraft werden wird oder ob er es bereut, Sie so behandelt zu haben. Lassen Sie den berühmten Krug, der zum Brunnen geht, bis er bricht, endgültig brechen. Das ist die Erlösung, nach der sich ein Teil von Ihnen sehnt.

## Die Hollywood-Erlösungs-Hilfe

In den meisten Hollywood-Filmen geht am Ende alles irgendwie gut aus. Es sei denn, es ist ein Drama. Dann kann der Schluss auch zum Heulen sein. Dramen allerdings machen unter den Filmgenres den geringsten weltweiten Umsatz aus. Was schon rein statistisch deutlich zeigt, dass wir Menschen viel lieber Eintrittsgeld für einen guten Abschluss bezahlen als für ein dramatisches oder offenes Ende.

Gleichzeitig steht die Filmgattung »Drama« jedoch für »echtes Leben«. Logische Folgerung: Wir möchten im Film bitte gerne erleben, dass die Dinge besser ausgehen als im echten Leben. Wir möchten am Ende Erlösung finden, um anschließend noch entspannt ein Bierchen zu zischen oder sinnierend einen Cocktail zu schlürfen. Die Tatsache, dass Ihr Verstand das liebt, können Sie wie folgt nutzen.

### Wie Sie einen unerlösten Zustand ganz allein innerlich zum Abschluss bringen können

Stellen Sie sich die nicht abgeschlossene Geschichte, um die es bei Ihnen geht, als ein Buch vor. Zum Beispiel so:

*Zu Beginn war es Frühling, und über die blumenbunte Wiese strich ein warmer duftender Windhauch, als plötzlich und unerwartet Prinz Charming auftauchte. Schmetterlinge umschwirrten sein goldenes Haar, und ein guter Beobachter mit scharfen Augen hätte den sanften Lichtschein um sein königliches Gewand herum wahrgenommen. Was immer Charming sprach, floss als himmlisches Streichkonzert über seine Lippen, und jedes seiner Worte – ganz gleich welchen Inhalts – war wie das Spiel von Daunenfedern auf blanker*

*Haut. Begriffe wie Leben, Liebe und Zukunft flogen durch die Luft wie weiße Tauben. Alles war wie ein nicht endendes Versprechen für das beste Leben der Welt. Einfach nur perfekt.*
*Bis diese Dinge losgingen, die er ständig machte.*
*Und diese anderen Dinge ausblieben, die er nicht mehr machte.*
*Auf Seite 122 hätte er sich wenigstens entschuldigen sollen. Auf Seite 145 hätte er zu mir zurückkehren sollen. Auf Seite 157 hätte er endlich mal Charakter beweisen sollen. Auf Seite 198 hätte er es fast geschafft, aber durch gewisse Umstände hat er es versiebt.*
*Gut, die Charming-Sache war schon lange vorbei, aber bis Seite 288 habe ich echt alle Chancen offen gelassen, da hätte er noch alles fallen lassen können, und es wäre wieder gut geworden. Und auf Seite 297 hätte er zumindest einen guten Abschluss machen sollen. Wenigstens das, was ein Minimum an Anstand einfach gebietet. Ich habe ihm alle Gelegenheiten dafür geboten.*

Im Moment sind Sie auf Seite 366 angelangt, und nichts davon ist geschehen. Es läuft so, wie Sie es nie gewollt haben. Dennoch hat sich die Geschichte genau so abgespielt, nichts davon können Sie mehr umschreiben. All die Dinge, die *hätten geschehen sollen,* sind in dieser Geschichte *nicht geschehen.* Das ist wirklich Mist, aber es ist dennoch wahr.
Also lassen Sie die Idee los, die zurückliegenden Seiten umschreiben zu wollen. Das wäre eine andere Geschichte in einem anderen Buch. Und lassen Sie als Nächstes die Idee los, man könnte eine Geschichte, die bis Seite 366 mies gelaufen ist, noch irgendwie zu einem Märchen ummo-

deln. Dafür hätte die Geschichte anders verlaufen müssen. Sie brauchen keine persönliche Erlösung durch den anderen oder durch sonst irgendetwas, auch wenn alles in Ihnen danach schreit. In Wahrheit brauchen Sie nur das letzte Kapitel zu genau der Geschichte, die Sie erlebt haben. Und das können Sie selbst schreiben. Vielleicht so:

*Gut, dieser selbstsüchtige Idiot nutzte all die guten Möglichkeiten nicht, um ein besserer Mensch zu werden. Er nutzte nicht mal die Möglichkeiten, es zu üben oder wenigstens ein Minimum an Anstand zu zeigen. So zu sein und so zu handeln, ist nicht meine Hölle, sondern seine. Soll er doch für den Rest des Lebens in seiner selbst gewählten Suppe vor sich hin garen. Ich, der Erzähler meiner Lebensgeschichte, hingegen werde diese Erfahrung mit der Dunkelheit so verbuchen, wie es jeder Träger eines Lichtzepters macht, seit Menschen darüber Geschichten erzählen: Ich werde in ein neues, helles, wundervolles Zeitalter starten und dabei kein einziges Stück weniger leuchten. Sondern mehr als je zuvor. So sieht sie aus, meine Geschichte.*

**Die Kurzversion lautet: »Es ist gut so!«**
Manche Sätze sind uralt und einfach. »Es ist alles gut so«, ist so ein Satz. Ihr Verstand braucht diesen Satz, weil es ansonsten »nicht gut« wäre, und das bedeutet: Problem. Bedrohung. Lösung finden. Nicht aufhören, nach einer Lösung zu suchen!
Finden Sie unbedingt Ihren Weg zu der Erkenntnis, dass letztlich *alles gut so ist*. Und denken Sie diesen Satz immer wieder, bis seine Gehirnautobahnen dick und stabil geworden sind.
Dann ist es auch gut.

# Anleitung zum Unartigsein

Wenn Sie unartig sind, kann das bei anderen richtig Stress auslösen. Sind Sie hingegen artig, so bleiben alle entspannt. Darum sind Sie vielleicht lange artig gewesen. Möglicherweise zu lange. Vor allem bei Themen, die Ihnen wirklich wichtig sind.

## Warum ist Unartigsein so schwer?

Dinge zu tun, die anderen Stress bereiten, ist für liebe und gute Menschen manchmal fast unmöglich. Darum müssen Sie es üben. Denn wenn Sie weiterhin nur lieb und nett sind, wird man Sie weiterhin ausnutzen, benutzen, hintergehen, Ihre Grenzen übertreten, Sie nicht achten und Ihnen am Ende Ihre Nettigkeit noch als Schwäche vorhalten. Darum, wie gesagt, dürfen Sie es üben, unartig und auch mal unbequem zu sein. Ein kleines bisschen am Anfang und immer mehr im Lauf der Zeit. Vielleicht denken Sie jetzt, dass sich das nicht gehört. Doch diese Idee könnte eine alte falsche Gedankenautobahn sein, die ihre Ursache hier hat:

- In der Erziehung: »Meine Eltern sagten, das macht man nicht.«
- In einer Weltsicht: »Ich will zu den Guten gehören, und die denken nicht an sich, sondern an andere.«

- In einem Trauma: »Ich habe bei dieser Person erlebt, wie das ist. Ich habe selbst erlebt, wie das ist. Ich will nie so sein wie das, was ich erlebt habe.«
- In einer Angst: »Wenn ich diese Sache nur für mich entscheide, löst das bei den anderen etwas aus, das für mich schlecht sein wird. Ich kann die Folgen nicht überblicken.«

## Warum ist Unartigsein gut?

»Artig zu sein« bedeutet, »der eigenen Art entsprechend zu sein«. Wenn Sie ein Frosch sind und mit anderen Fröschen auf einem Seerosenblatt sitzen, ist es artig, sich die nächste vorbeikommende Fliege zu schnappen und sie schmatzend zu verschlucken. Weil Frösche das so machen. Sind Sie hingegen ein Mensch, der mit anderen Menschen an einem Konferenztisch sitzt, und es kommt eine Fliege vorbei … Nun, dann wäre das eher nicht artig.

Unartig zu sein, bedeutet: Ich lasse die Konventionen sausen und schere mich erst mal nicht um das, was andere vielleicht denken könnten. Ich überlege ganz frei, wie ein neues (gerne auch erst mal nicht artgerechtes) Verhalten mich von alten Zwängen befreien könnte.

Das ist wirklich gut. Egal wie andere es nennen.

## Lernen Sie, Nein zu sagen

☞☞☞

*Gute Angebote sollte man immer nutzen?*
*Klingt logisch.*
*Mach ich aber nicht.*

☞☞☞

Sehr erfolgreiche Menschen unterscheiden sich von erfolgreichen Menschen durch eine wesentliche Eigenschaft: Sie sagen viel häufiger Nein. Weil sie genau wissen, was nicht zu ihnen und ihren Zielen passt, verzichten sie auf so manche verlockende Gelegenheit, die aber ihren Weg stören würde.

### Anleitung zum Nein-Sagen

Machen Sie sich bewusst: Das Wort »Nein« benutzen zu können, ist eine wirklich tolle Sache. Ein Nein setzt Grenzen. Ein Nein schützt Sie. Ein Nein verschafft Ihnen Raum und Zeit für sich. Ein Nein hilft Ihrem Gegenüber, Sie besser zu verstehen. Und es hilft dem anderen, nicht an Ihnen dranzuhängen.

Falls Sie im Moment noch ein ungelöstes »Ich bin lieb und nett«-Thema haben, macht das nichts. Dann umhüllen Sie Ihre Neins eben mit lieben und netten Verpackungen. Machen Sie hübsche Schleifchen drum.
*»Das ist total lieb von dir, aber im Moment nicht.«*
*»Vielen Dank für das gut durchdachte Angebot. Wenn es so weit ist, denke ich bestimmt daran.«*

*»Was für eine schöne Idee. Leider bin ich randvoll, ich weiß gar nicht, wo mir der Kopf steht.«*
Und so weiter. Sie verstehen das Prinzip. Aber es muss ein klares Nein dabei erkennbar sein. Nehmen Sie dem anderen bei seinem Anliegen jede Hoffnung, aber lassen Sie ihm seine Würde und bleiben Sie im Umgang freundlich.

Manchmal reicht das nicht. Dann üben Sie vor dem Spiegel klare Nein-Sätze. Stark ist das einfache »Nein, danke«, weil es keine Rechtfertigung enthält. Sie müssen ein Nein nie rechtfertigen. Machen Sie sich das bewusst. Sie haben ein natürliches Nicht-Rechtfertigungs-Recht. Falls Sie es dennoch tun, dann nur, weil Sie es wollen. Das dreht den »Lieb und nett«-Spieß in Ihrem Kopf um.

## Lernen Sie, egoistisch zu sein

☞☞☞

*Egoistisch zu sein, gehört sich nicht?*
*Mag schon sein.*
*Ist mir aber egal.*

☞☞☞

Ein Egoist ist, wer nur an sich denkt, egal ob er anderen damit Nachteile zufügt. Klingt erst mal schlecht. Hat aber auch einen guten Anteil: »Ein Egoist ist, wer an sich selbst denkt.«

Wenn Sie ständig glauben, Sie dürften nicht egoistisch sein, öffnen Sie all Ihre Türen in die Welt der Ausnutzer. Sie lassen zu, dass man sich bei Ihnen bedient, aber Sie holen sich nur selten etwas aus der Welt zu sich zurück. Weil Sie denken, dass das egoistisch wäre.

### Anleitung zum Egoist-Sein

Was jetzt kommt, klingt erst mal widersinnig, ist aber Ihr Startpunkt: Streichen Sie als Erstes die Wörter »Egoist«, »Egoismus« und »egoistisch« aus Ihrem Sprachschatz. Diese Wörter sind eine negative Verknüpfung zwischen dem Gedanken »Ich tue etwas für mich« und dem Gedanken »Das ist eine schlechte Eigenschaft«. Sobald Sie dann denken »Ich könnte das für mich tun«, ploppt das negative Wort »Egoismus« in Ihrem Kopf auf, und Sie unterlassen es. Darum streichen Sie die gesamte Wortwolke komplett. Streichen bedeutet auch: Verwenden Sie es nicht bei der Beurteilung anderer Menschen. Ihr Gehirn kann die Verknüpfung für Sie selbst nicht loslassen, wenn Sie die ganze Idee weiterhin auf andere anwenden. Verwenden Sie stattdessen neue, besser differenzierte Gedanken: »*Der macht das alles nur für sich. Ist ja durchaus sein Recht. Aber anderen dabei zu schaden, ist nicht sein Recht.*«

»*Ja, ich mache das alles nur für mich, einfach, weil es mir guttut, und ich schade niemandem damit.*«

Fertig ist die Anleitung. Sie geben sich einfach nur selbst die Erlaubnis, es zu tun, weil es nichts Schlechtes ist. Alles, was dann noch praktisch daraus folgt, werden Sie aus Ihrem Herzen und nach Ihrem Gewissen mit dem neuen Blick auf sich selbst richtig machen.

## Lernen Sie, stur zu sein

☞☞☞

*Ein sturer Bock macht anderen nur das Leben schwer?*
*Klingt schlimm.*
*Ist es aber nicht.*

☞☞☞

### Einladung zum Stursein

Eventuell haben Sie in manchen Bereichen Ihres Lebens eine Schwäche im Konsequentsein. Hier ist Ihre offizielle Erlaubnis dazu: Sie dürfen das, es ist nicht negativ, nur weil Sie sture alte Böcke erlebt haben, die anderen das Leben schwer machen. Sie machen niemandem das Leben schwer, wenn Sie klar und konsequent sind. Im Gegenteil, Sie machen es allen leichter. »Böse« wäre es nur, wenn Sie sich aus Prinzip querstellen, also wider besseres Wissen und Wollen handeln, nur um Macht auszuüben, um zu erleben, wie sich andere an Ihnen aufreiben, vielleicht als Strafe für irgendetwas. Dann wäre Ihre Sturheit manipulativ, so wie es die alten Böcke machen. Nur das wäre schlecht, weil es die wertvolle Lebenskraft aller Beteiligten sinnlos vernichtet.

### Opfer der Sturheit anderer? Ab jetzt nicht mehr!

Wenn Sie es mit einem sturen Bock zu tun haben, ist dieser gerade Ihr Lehrmeister. Werden Sie sich über ihn aufregen und sich letztlich an ihm aufreiben? Oder werden Sie wachsen und ihn loslassen mitsamt Ihren bisherigen Vorstellungen und Plänen? Finden Sie einen neuen Weg, eine

Umleitung, einen Bypass? Oder rammen Sie immer wieder mit Ihrem Kopf gegen denselben sturen Bock?

### Umgang mit Sturheit

Streichen Sie auch hier das Wort »stur« und alle damit verbundenen Vorstellungen aus Ihrer Welt. Es gibt ab sofort keine sturen oder störrischen Menschen mehr. Weil Sie sich nur darüber ärgern und keine Logik hineinbekommen. Es gibt künftig nur noch Menschen, die mitmachen oder nicht mitmachen. Konsequente Menschen oder manipulative Menschen. Solange Sie »stur« denken, ist das eine Art Aufforderung an Ihr Unterbewusstsein, den anderen doch noch zu überzeugen. »Mann, ist der stur, ich brauche bessere Argumente.« Genau diese Zuwendung will der sture Bock. Versuchen Sie nicht, sture Menschen zu überzeugen. Umschiffen Sie sie, oder lassen Sie sie einfach sitzen.
*»Ich selbst bin nicht stur. Ich bin klar, stabil und konsequent, weil ich weiß, was ich will und was nicht. Das ist keine negative Eigenschaft.«*

## Lernen Sie, kompromisslos zu sein

☞☞☞

*Immer offen, immer kompromissbereit?*
*Klingt logisch.*
*Aber mir persönlich reicht's damit.*

☞☞☞

Immer nachgeben, immer freundlich sein, immer einen Zwischenweg finden. Manchmal mag das richtig sein, doch wenn Ihre Toleranz für andere an Ihrer Substanz nagt, dann muss damit Schluss sein. Sie haben das wahrscheinlich schon erlebt. Es ist nur eine Frage des Zeitpunkts, dann können Sie einfach nicht mehr. Um diese Toleranzlinie geht es. Sie dürfen Ihre rote Linie haben – und zwar schon ehe es losgeht. Sie dürfen mit einer »Wann es Ihnen reicht«-Linie um sich herum durch Ihr Leben gehen. Das nennt sich »Grenzen haben« und ist eine sehr gute Eigenschaft.

### Anleitung zum Kompromisslos-Sein

Ziehen Sie Ihre Grenze bei einem Thema oder einem Menschen frühzeitig. Warten Sie nicht darauf, dass der andere oder das Leben an Ihnen austestet, ob Sie überhaupt eine Grenze haben und ab wann Sie damit beginnen, sie zu zeigen. Damit das gelingt, brauchen Sie Klarheit über Ihre No-Gos. Sprechen Sie diese laut aus, vielleicht im Gespräch mit Freunden. Das laute Aussprechen verändert wirklich etwas, fast so als würde die Welt mithören. Es verleiht Ihren Grenzen mehr Kraft.

Es gibt Dinge, die Sie wirklich im Leben wollen, und andere Dinge, die Sie auf keinen Fall tun oder zulassen werden. Ausgezeichnet! Hier dürfen Sie kompromisslos sein. Weil nur so Ihr Weg funktionieren kann. Wenn Sie an jeder Weiche erneut herumdiskutieren, verschwenden Sie Lebenszeit und Lebenskraft. Inzwischen könnten Sie schon zwei Jahre weiter sein.

Kompromisse machen Sie nur in den Nebenstraßen, aber nicht auf Ihrem Hauptweg. »Kompromiss« bedeutet: »Ich bleibe auf meinem Weg, aber ich lasse Varianten zu, wie ich ihn gehe.« Wenn etwas wirklich (!) für Sie wichtig ist, können Sie keinen Kompromiss zulassen. Weil Sie sonst Ihren ganzen Weg verraten würden, und das macht unglücklich und depressiv.

## Lernen Sie, ungeduldig zu sein

☞ ☞ ☞

*Geduld ist eine Tugend?*
*Schon gehört.*
*Will ich aber nicht.*

☞ ☞ ☞

Ungeduld ist nicht gut? Da sollten Sie mal erfolgreiche Menschen hören. Andererseits können viele erfolgreiche Menschen auch ziemliche Ekelpakete sein. Das liegt in der Natur der Sache, denn der Durchschnitt aller Menschen ist Energiesparer. Die Natur in uns sagt: Mach nur so viel wie nötig. Und vielleicht noch das, was wichtig ist, damit nicht auffällt, dass du Reserven behältst. Für jemanden, der Dinge voranbringen will, sind solche Bremsen und Schonhaltungen ein rotes Tuch. Darum zeigt er Ungeduld und treibt andere an. Was diese anderen wiederum als keine gute Eigenschaft einstufen. Doch mal ehrlich: Wenn alle Menschen immer mit allem Geduld gehabt hätten, würde die Menschheit noch in Höhlen wohnen. Also kann Ungeduld an sich keine negative Eigenschaft sein.

### Anleitung zum Ungeduldigsein

- Erlauben Sie, dass die Ungeduld in Ihnen leben darf. Es geht nicht darum, sie wegzumachen, sondern darum, sie auf »das Richtige« zu lenken.
- Ungeduld kann zu Wut werden, und Wut kann etwas zerstören. Das wollen Sie nicht. Darum brauchen Sie als ungeduldiger Mensch ein Projekt, an dem Sie irgendwie

arbeiten. So bekommt das Projekt die Kraft ab, und Ihre Ungeduld fliegt nicht unschuldigen Menschen um die Ohren oder macht etwas kaputt. Seien Sie gerne ein superungeduldiger Mensch. Aber seien Sie es an den richtigen Stellen.

- Ungeduld will erleben, dass sich Dinge bewegen. Das können auch Sie selbst sein. Machen Sie etwas, bei dem Sie sich so lange bewegen, bis Sie anschließend zufrieden auf Ihr Sofa sinken.
- Wenn Ihnen etwas wirklich wichtig ist, schieben Sie es gerne auch mal ungeduldig an. Die Ungeduld kann eine große Tugend sein, denn sie beendet die ewigen Langeweilereien, durch welche schon viele Gelegenheiten einfach ungenutzt vorübergezogen sind.

## Lernen Sie, desinteressiert zu sein

☞☞☞

*Mag ja alles wahr sein.*
*Mag auch irgendwie wichtig sein.*
*Ist mir aber echt egal.*

☞☞☞

Alles um sie herum versucht ständig, Ihr Interesse zu gewinnen. Die einen, weil Ihr Interesse bares Geld wert ist. Die anderen, weil Ihre Zuwendung guttut. Die Dritten, weil Sie unterhaltsam sind, die Vierten, weil sie mit Ihnen streiten wollen, die Fünften, weil sie mit Ihnen Sex haben wollen, die nächsten, weil Sie nützlich sind, wieder andere, weil Sie Arbeiten erledigen sollen …

Immer geht es im ersten Schritt darum, Sie an den Haken zu bekommen, indem man Ihr Interesse aktiviert. Denn wenn Sie nicht interessiert sind, klappt der Rest des Plans auch nicht. Ihr Interesse ist also eine echt wertvolle Sache, dessen können Sie sich bewusst werden. Gleichzeitig bedeutet Ihr Interesse für Sie persönlich: Sie müssen sich konzentrieren. Und das kostet Kraft und Zeit. Die wiederum sind das Wertvollste, was Sie besitzen, wie schon Benjamin Franklin wusste (siehe Seite 74).

Wenn Sie also nicht ständig Teile von Ihrem Leben verlieren wollen, nur damit andere davon profitieren, brauchen Sie einen Weg, bei Dingen, die Ihnen nichts nützen, »nicht interessiert« zu sein. Das bedeutet nicht, ein Ignorant zu werden, sondern ein Mensch, der eigene Entscheidungen trifft und ausspricht, worauf er seine begrenzte Kraft lenkt.

## Anleitung zum Desinteresse

- Desinteressiert zu sein, bedeutet nicht, ein desinteressierter Mensch zu sein. Es bedeutet, ein hochinteressierter Mensch zu sein, der sehr bewusst mit seinen Ressourcen umgeht und sich aussucht, wofür er sich interessiert und wofür nicht.
- Wenn Sie sich für etwas Bestimmtes nicht interessieren und dies äußern, so ist das »Desinteresse im guten Sinn«. Es ist das Ergebnis einer bewussten Wahl und spart allen Beteiligten viel Zeit und Geld. So eine Entscheidung schadet niemandem, weil sie nichts wegnimmt. Ihr Interesse wird einfach nur nicht aktiv. Mehr nicht.
- Ihr Interesse ist wie ein Brennglas. Wenn Sie es auf etwas lenken, wird es dort warm. Das ist toll, denn Sie können Dinge verändern, die Ihnen wichtig sind. Dafür aber müssen Sie unwichtige Dinge weglassen, sonst ist Ihr Brennglas besetzt.
- *»Das ist bestimmt außerordentlich spannend, aber für mein Leben gerade nicht von Bedeutung. Das interessiert mich einfach nicht, darum bin ich da kein gutes Gegenüber.«*

## Lernen Sie, dumm zu sein

☞ ☞ ☞

*Immer dran sein und Bescheid wissen?*
*Sollte man vielleicht.*
*Mag ich aber nicht.*

☞ ☞ ☞

In einer Vielzahl von Studien zum Thema »Erfolg und Intelligenz« hat man gemeinsame Merkmale erfolgreicher Menschen herausgefunden. Eines hat mit dem Thema der Selbsteinschätzung zu tun. Intelligente Menschen sagen über sich selbst praktisch nie, dass sie besonders intelligent seien.

Der Grund: Jemand, der tatsächlich intelligent ist, weiß besonders gut, *was er alles noch nicht weiß*. Er weiß, wie sehr man sich irren kann, wie viel man noch lernen kann und dass ständig Wissen hinzukommt, das alles verändern kann. Dumme Menschen hingegen glauben, sie besäßen »eine Wahrheit«, die fest ist. Dieser Glaube bewirkt, dass sie damit aufhören, weiter zu fragen und weiter zu denken. Darum haben manche dumme Menschen mehr Selbstbewusstsein als intelligente Menschen.

### So entkommen Sie dem Schlauheits-Wettbewerb

- Es kann eine sehr intelligente Entscheidung sein, sich auf einem Gebiet dumm zu geben. Denn wollten Sie auf keinem Gebiet jemals dumm dastehen, so hätten Sie eine unlösbare Aufgabe und ständigen Stress. Dann lieber gezielt loslassen.

- Wenn Sie glauben, Sie dürften nicht auch mal dumm sein, hat man Sie ganz wunderbar am Haken. Denn damit kann man Sie steuern. Fehler gemacht, schlechtes Gewissen, Wiedergutmachung und so weiter ...
- Drehen Sie den Spieß um. Gehen Sie erst gar nicht in den Wettbewerb mit einem Schlauberger. Fragen Sie ihn lieber Löcher in den Bauch, bis er die Lust am Schlaumeier-Wettbewerb verliert. Oder gehen Sie auf Abstand.
- Unnützes Wissen: Ob Sie heute wissen, was gestern Wichtiges passiert ist, ist in Wahrheit völlig egal. Die meisten Menschen verwenden aktuelle Ereignisse nur als Sprechvorlage, einfach damit sie irgendetwas zu reden haben. Aber »irgendetwas« ist auf Dauer sinnlos und hohl, weil es Ihr Leben nicht bereichert.
- Es gehört viel Mut dazu, sich manchmal dumm zu stellen, obwohl man es nicht sein müsste. Aber es kann eine gute Entscheidung für das eigene Leben sein. Weil man Sie dann in Ruhe lässt.

## Lernen Sie, lieblos zu sein

☞☞☞

*Immer liebevoll und offen sein?*
*Bin ich aber nicht.*
*Und das ist in Ordnung so.*

☞☞☞

Zu »liebevoll und offen« sagt man auch: »ein großes Herz«. Und das ist eine wirklich herausragende Eigenschaft. Gleichzeitig werden gerade Menschen mit einem offenen und großen Herzen am meisten ausgenutzt.
Um nicht völlig unter die Räder zu geraten, darf ein liebevoller Mensch lernen, Grenzen zu setzen, was aus seiner Sicht gleichbedeutend damit ist, »lieblos« zu sein. So ein Verhalten ist wider seine Natur, und er wird es als negative Handlung empfinden. Zu lernen, auch mal »lieblos« zu sein, ist dann eine große Lebensaufgabe. Aber das ist wichtig, um innerlich zu überleben.

### Anleitung zum gezielten Lieblos-Sein

Lieblos zu sein, bedeutet NICHT: Sie können nicht lieben. Oder Sie wären ein schlechter Mensch. Oder nicht liebevoll. In zwei Fällen *müssen* Sie sogar lieblos sein, weil es das Beste ist, was Sie tun können:

- wenn Sie jemandem damit helfen
- wenn Sie sich selbst damit helfen

Lieblos sein zu dürfen oder zu müssen, heißt, dass Sie gelernt haben zu unterscheiden, ab wann Ihr großes Herz missbraucht wird. Es gibt Menschen, die Ihre Gutartigkeit so sehr ausnutzen, dass es nur eine einzige Möglichkeit gibt, sich Ihr Leben zurückzuholen. Sie müssen jedes Verständnis, jede Freundlichkeit, jede offene Tür und jedes Mitgefühl stoppen. Sie müssen tatsächlich »lieblos« werden. Was Ihnen ohne eine vorherige Genehmigung unglaublich schwerfallen könnte. Dennoch ist es in manchen Situationen die wirklich einzige Möglichkeit, um ein Abhängigkeitsverhältnis zu beenden und sich und den anderen zu befreien. Wenn Sie also alles andere versucht haben, bleibt am Ende nur das: kein großes Herz mehr zur Verfügung zu stellen.

## Lernen Sie, unfreundlich zu sein

☞☞☞

*Ich will nicht unfreundlich sein.*
*Aber manchmal geht es einfach nicht anders.*
*Und dann bereue ich, dass ich das nicht gut kann.*

☞☞☞

Die meisten von uns haben gelernt, sich anderen gegenüber irgendwie freundlich zu verhalten. Denn positives Sozialverhalten bringt uns allen trotz unserer Verschiedenheiten einen halbwegs guten Alltag. Gleichzeitig hat jeder Mensch eine ganz persönliche Reaktions- und Feinfühligkeits-Schwelle. Manche Leute merken einfach nicht oder wollen nicht merken, wann es reicht. Sie treten immer wieder über jede Grenze.

Solange man nett und freundlich bleibt, erreicht man sie einfach nicht. Das Unterbewusstsein dieser Menschen nimmt »nett und freundlich« als Aufforderung, weiter an Ihnen zu kleben. Oder einfach die Regeln und Rollen nicht einzuhalten. Als wäre Ihre Nettigkeit eine Einladung dazu, Sie weiter zu behelligen und noch mehr störendes Verhalten an den Tag zu legen.

*»Solange du freundlich bist, bist du lieb zu mir. Jede Minute davon mag ich. Mach nur weiter, egal was du damit sagen willst.«*

In so einem Fall bewirkt nettes und freundliches Verhalten einfach gar nichts. Dann bleibt nichts anderes übrig, als auf sachlich umzuschalten. Oder auf sachlich plus laut und deutlich.

**Anleitung zum Unfreundlichsein**

- Laut zu werden und außer Kontrolle zu geraten, ist schlecht. Laut zu werden als bewusste und kontrollierte Entscheidung, ist gut. Falls nötig, werden Sie laut. Manche Leute kapieren es nicht leise und nett. Nur weil Sie kurz laut und deutlich werden, sind Sie weder schlecht noch unbeherrscht. Sie haben die Situation unter Kontrolle und setzen bewusst ein Werkzeug ein.
- Wenn Sie immer freundlich nicken, kapiert es der andere nie. Er umklammert Sie mit seinem Monolog. Egal in welchen dezenten Gesten Sie sich vor ihm winden – er scheint es gar nicht zu bemerken. Also werden Sie deutlich. Das ist nicht ungehörig. Unfreundlich ist der andere, der einfach nicht von Ihnen ablässt.
- Was überhaupt als Unfreundlichkeit aufgefasst wird, ist individuell sehr verschieden. Es kann sein, dass Sie von sich selbst denken: »So darf ich doch nicht sein.« In Wahrheit sind Sie einfach nur klar und bestimmt, und aus der Sicht des anderen ist das sogar positiv. Schließen Sie nicht von sich auf andere. Manche Leute sind es schon immer gewöhnt, deutliche Abfuhren zu bekommen. Für die ist das einfach nur eine Antwort, die es auch vom Ohr bis ins Gehirn schafft. Kein Problem, echt. Schon kurz darauf ist alles wieder vergessen.

## Lernen Sie, ganz und gar Sie selbst zu sein

☞☞☞

*Manchmal weiß ich gar nicht mehr, was richtig ist.*
*Mir geht dann so viel durch den Kopf, und es gibt so viele Möglichkeiten,*
*was ich tun und wie es ausgehen könnte,*
*dass ich innerlich einfach aufgebe.*

☞☞☞

Sehr gut! Das ist ein perfekter Zustand, um einfach nur Sie selbst zu sein. Wenn Sie eines Tages nicht mehr wissen, was richtig ist, sind Sie nicht verloren, sondern ein Philosoph geworden. Dann können Sie sagen: »Ich weiß, dass ich nichts weiß.« Damit sind Sie ganz nahe bei Sokrates angekommen, der diesen fragenden Zustand als einen der höchsten ansah.

Bleiben Sie dabei und gehen Sie langsam weiter. Hinterfragen Sie, wie andere sich so sicher sein können, was wohl richtig ist. Wundern Sie sich, staunen Sie, sammeln Sie, und probieren Sie aus. Fällen Sie keine Urteile, machen Sie niemanden nach, und bleiben Sie offen für die Wunder der vielen verschiedenen Sichtweisen, ohne sich einer zu unterwerfen oder sich festzulegen. Das ist es, was es wirklich heißt, ganz und gar Sie selbst zu sein.

### Anleitung zum »Ganz-ich-selbst-Sein«

- »Ganz ich selbst sein« bedeutet: »nicht mehr jemand anders sein«. Forschen Sie nach, wo Sie so sind, wie andere Sie haben wollen.

- Wenn Sie nicht wissen, wie und was Sie entscheiden sollen, treffen Sie als Erstes die Entscheidung, dass Sie im Moment gar nichts tun müssen. Damit werden Sie die erste Verwirrung los.
- Überlegen Sie in Ruhe, was Sie machen würden, wenn es einmal ganz um Sie gehen würde. Damit werden Sie die zweite Verwirrung los.
- Entscheiden Sie, nichts noch weiter zu unterstützen, was von Nachteil für Sie ist, Sie noch mehr belastet oder keine Freude in Ihr Leben bringt. Alles, was Sie ins Minus bringt, wird nicht weiter gefördert. Damit schaffen Sie eine weitere Klarheit.
- Üben Sie, Nein zu sagen. Das ist eines Ihrer wichtigsten Werkzeuge, um Ereignisse, Menschen und Aufgaben fernzuhalten, die Sie vereinnahmen wollen.
- Üben Sie, Ja zu sagen, wenn etwas kommt, das vielleicht Veränderung zur Folge hat, Sie aber letztlich auf Ihren eigenen Weg befördert.

*Alles Liebe und weiterhin eine gute Reise!*

# Entdecken Sie das Geheimnis der Anziehung

Die meisten Menschen suchen nach einem sinnvollen und erfüllenden Leben. Vor allem aber wollen sie dauerhaft lieben und geliebt werden. Dieses Buch enthüllt das Wissen um die mysteriöse Kraft von Ausstrahlung und Anziehung, die in uns allen wirkt. Begleitet von einer Vielzahl realer Fallgeschichten und praktischer Anleitungen erklärt Ruediger Schache die Essenz dieses umfassenden Wissens in zehn Geheimnissen. Wer sich auf sie einlässt, handelt mit einem neuen Bewusstsein und zieht die Menschen an, die er sich ersehnt.

Ruediger Schache
Das Geheimnis des Herzmagneten
208 Seiten · ISBN 978-3-485-02944-5
Auch als E-Book und Hörbuch erhältlich

Band 2: Das Geheimnis des Herzmagneten – Die Befreiung
224 Seiten · ISBN 978-3-485-02932-2
Auch als E-Book und Hörbuch erhältlich

nymphenburger